현장 실무 능력 향상을 위한

외식실무일본어

Food service Business Japanese

손혜경 · 박 한 · 최효진 공저

머리말

세계적으로 오랫동안 지속되어온 경기침체와 변화의 소용돌이 속에서도 발전을 거듭해 온 업계는 외식업계 뿐일 것이다.

국내에서도 크고 작은 업체들이 개업과 폐업을 반복하는 과정에서 경쟁력 있는 업체들은 사회적인 반향을 일으키며 성장을 이어가고 있으며 그와 함께 외식산업은 단순히 식당을 벗어나 다양한 분야에 접목되어 그 범위를 넓혀가고 있다.

또한 그러한 외식 시장의 변화와 함께 한국의 관광산업의 시장 확대는 외식산업에도 그 영향을 미치고 있다.

특히 아시아 관광객의 국내 여행 증가 및 유지로 인해 현장에서 중국어 및 일본어를 구사하는 인력의 필요성이 증가함에 따라 호텔, 리조트, 항공, 크루즈, 외식, 면세, 카지노 등의 관광산업 내 식음료를 서비스하는 모든 업계에서 채용이 꾸준히 이뤄지고 있으며 또한 지리적으로 가까우면서도 물가 면에서도 관광에 이점을 지닌 한국 관광을 선호하고 있어 이들 언어를 구사하는 인력의 중요도는 높을 수밖에 없는 상황이다.

이에 본 저서는 관광산업 전반에서 활동하게 될 외식서비스 전문가를 준비 중인 학생과 일반인들을 위한 일본어 실무 회화 기준을 마련하여 담아낸 것으로 관광분야 외식관련 산업현장에서 발생할 수 있는 다양한 상황 및 사례들을 중심으로 작성하여 실제 상황에 필요한 연습상황으로 구성하였다. 또한 일본어 자기소개서와 이력서 작성 요령을 설명하여 관광 외식업체 지원 시 활용할 수 있도록 안내하였다.

본 서의 저자들은 독자들이 실무에 활용할 수 있는 일본어 공부가 될 수 있도록 향 후 부족한 부분을 개선해 나가며 끊임없는 실무형 일본어 연구를 이어갈 것을 약속드린다.

저자 일동

Contents

Chapter 06 バーサービス 71

Chapter 07 コンプレイン 79

Chapter 08 キャッシャー 87

Appendix(본문해석, 정답 및 해설) *01* 99

Appendix *02* 141

Chapter

01

電話予約（でんわよやく）

例1：今晩7時に、予約できますか。

中村：　もしもし、JMレストランですか。

ウェイター：　はい、JMレストランでございます。

中村：　今晩 7時に、予約できますか。

ウェイター：　失礼ですが、何名様ですか。

中村：　4人です。

ウェイター：　テーブル席と 個室が ございますが。

中村：　個室の ほうで お願いします。

ウェイター：　かしこまりました。
お名前と 電話番号を 伺えますか。

中村：　中村です。電話番号は 2245－7575です。

ウェイター：　中村様、ご予約 ありがとうございます。

中村：　じゃあ、お願いします。

ウェイター：　お待ちして おります。

例2：本日は 満席でございます。

中村：　JMレストランですか。

ウェイター：　はい、JMレストランでございます。

中村：　今晩 7時に 予約を お願いしたいのですが。

ウェイター：　少々 お待ちくださいませ。
ただ今 お調べ致します。

お待たせしました。あいにく、本日は 満席でございます。 申し訳ございません。

中村：　わかりました。では、失礼します。

ウェイター：　また、ご連絡ください。お待ちして おります。
お電話 ありがとうございました。

例3：予約(よやく)は 今晩(こんばん) 8時(じ)30分(ぷん)に 変更(へんこう)いたしました。

中村： JMレストランですか。

ウェイター： はい、JMレストランでございます。

中村： 今晩(こんばん) 7時(じ)に 予約(よやく)した 中村と いいますが、

少(すこ)し 遅(おそ)く なりそうで、時間(じかん) 変更(へんこう)したいですが、

ウェイター： はい、かしこまりました。

何時(なんじ)に 変更(へんこう)いたしますか。

中村： 8時(はちじ)も 可能(かのう)でしょうか。

ウェイター： はい、少々(しょうしょう) お待(ま)ちくださいませ。

ウェイター： お待(ま)たせいたしました。

あいにく 8時(はちじ)は 予約(よやく) いっぱいで、

8時半(はちじはん)は いかがでしょうか。

中村： お願(ねが)いします。

ウェイター：　中村様(なかむらさま)の 予約(よやく)は 今晩(こんばん) ８時(じ)３０分に 変更いたしま した。

中村：　ありがとうございます。

ウェイター：　いいえ、お待ちして おります。

Exercises

※ 다음 보기 중 밑줄 친 말에 들어갈 적당한 한자를 고르시오.

01. テーブル席と こしつが ございますが。

① 個室 ② 座席

③ 椅子 ④ 個人

02. また、ごれんらく ください。お待ちして おります。

① 場合 ② 少々

③ 満席 ④ 連絡

03. おなまえと 電話番号を 伺えますが。

① 名前 ② 電話

③ 中村 ④ 連絡

04. しつれいですが、何名様ですか。

① 連絡 ② 予約

③ 失礼 ④ 今晩

05. 本日は まんせきでございます。

① 予約 ② 番号

③ 満席 ④ 名前

06. おでんわ ありがとうございます。

① 電話 ② 連絡

③ 満席 ④ 今晩

07. 分かりました。では しつれいします。

① 満席 ② 失礼

③ 予約 ④ 電話

08. 中村様の 予約は 今晩 8時30分に <u>へんこう</u>いたしました。

① 変更　② 電話
③ 予約　④ 満席

09. <u>しょうしょう</u> お待ちくださいませ。

① 少し　② 少々
③ 代々　④ 時々

10. 8時<u>はん</u>は いかがでしょうか。

① 時　② 分
③ 半　④ 何

※ 다음 보기 중 빈칸에 가장 알맞은 것을 고르시오.

11. 今晩 7時に, ________できますか。

① お名前　② 予約
③ 満席　④ 何名様

12. お名前と 電話番号を ______ますが。

① 伺え　② 失礼
③ お願い　④ お待ち

13. ____________は 2245-7575です。

① 名前　② 電話番号
③ 4人　④ 中村

14. ご予約______________ございます。

① ありがとう　② あけまして
③ すみません　④ おはよう

15. 少々 お待ちください。ただ今 ________いたします。

① お電話　　② お願い

③ お調べ　　④ お待たせ

16. 本日は 満席でございます。 __________ございません。

① ありがとう　　② 申し訳

③ あいにく　　④ 失礼

17. ア： ____________________、何名様ですか。

イ：4人です。

① 失礼ですが

② ありがとうございますが

③ 本日は 満席でございますが

④ こーひーと ジュースが ありますが

18. ア：テーブル席と _______が ございますが。

イ：個室の ほうで お願いします。

① 個室　　② テーブル

③ ほう　　④ 席

Chapter 02

座席案内(ざせきあんない)

例1：いらっしゃいませ。何名様(なんめいさま)ですか。

ウェイター：　いらっしゃいませ。何名様(なんめいさま)でしょうか。

中村：　4人(よにん)です。窓(まど)の 方(ほう)の 席(せき)が いいんですが、
空(あ)いた 席(せき)が ありますか。

ウェイター：　はい、かしこまりました。
4名様(よんめいさま)でございますね。
お席(せき)の 方(ほう)に ご案内(あんない)いたします。どうぞ こちらへ。

ウェイター：　こちらの テーブルは いかがですか。
どうぞ おかけくださいませ。

中村：　どうも。

例2：こちらから　ご案内(あんない)します。

ウェイター：　いらっしゃいませ。何名様(なんめいさま)でしょうか。

中村：　4人(よにん)です。

ウェイター：　4名様(よんめいさま)でございますね。

こちらから　ご案内(あんない)しますので、

少々(しょうしょう)　お待(ま)ちくださいませ。

中村：　はい。

ウェイター：　お待(ま)たせいたしました。

テーブル席(せき)と　お座敷(ざしき)が　ございますが、

どちらが　よろしいでしょうか。

中村：　座敷(ざしき)の　方(ほう)に　お願(ねが)いします。

ウェイター：　はい、かしこまりました。それでは　こちらへどうぞ。

例3：カウンター席(せき)は 今(いま) すぐ ご案内(あんない)できます。

ウェイター：　いらっしゃいませ。何名様(なんめいさま)でしょうか。

中村：　２人(ふたり)です。

ウェイター：　はい、かしこまりました。お２人様(ふたりさま)でしたら、
テーブル席(せき)は 10分(じゅっぷん)ほど お待(ま)ち頂(いただ)けますが、
カウンター席(せき)は 今(いま) すぐ ご案内(あんない)できます。
カウンター席(せき)でも いかかでしょうか。

中村：　ええ、いいです。

ウェイター：　こちらへ どうぞ。

例4：7時(しちじ)に 予約(よやく)しました。

ウェイター：　いらっしゃいませ。

中村：　こんにちは。7時(しちじ)に 予約(よやく)しましたが。

ウェイター：　お名前(なまえ)を お願(ねが)いします。

中村：　中村(なかむら)です。

ウェイター：　中村様(なかむらさま)、お待(ま)ちして おりました。

お席(せき)へ ご案内(あんない)いたします。

こちらへ どうぞ。足元(あしもと)に ご注意(ちゅうい)くださいませ。

例5：ただいま、満席(まんせき)です。

ウェイター：　いらっしゃいませ。何名様(なんめいさま)ですか。

中村：　2人(ふたり)です。あの、予約(よやく)して いないんですが、大丈夫(だいじょうぶ)ですか。

ウェイター：　申(もう)し訳(わけ)ございません。ただいま 満席(まんせき)ですので、少々(しょうしょう)お待(ま)ちいただけますか。

中村：　どのくらい かかりますか。

ウェイター：　申(もう)し訳(わけ)ございません。15分(じゅうごふん)くらいですが。

例6：あの テーブルは 予約済みです。

ウェイター：　お客様、このテーブルは いかかですか。

中村：　すみませんが、あちらの 方が いいんですが。

ウェイター：　恐れ入りますが、あの　テーブルは　予約済みです。

中村：　そうですか。窓の　方の　テーブルが　いいんですが、空いた 席は ありませんか。

ウェイター：　はい、かしこまりました。それでは　こちらへどうぞ。

ウェイター：　失礼いたします。メニューでございます。
ご注文が お決まりに なりましたら、
お呼び下さいませ。

中村：　どうも。

Exercises

※ 다음 보기 중 밑줄 친 말에 들어갈 적당한 한자를 고르시오.

01. よんめいさまでございますね。

① 4名様　② 3名様
③ 6名様　④ 5名様

02. おせきの ほうに ご案内いたします。

① 窓　② 席
③ 方　④ 空

03. テーブル席は じゅっぷんほど お待ちいただけますが。

① 5分　② 10分
③ 15分　④ 20分

04. しちじに 予約しました。

① 6時　② 7時
③ 8時　④ 5時

05. こちらへ どうぞ。足元に ごちゅういください。

① 中村　② 注意
③ 案内　④ 名前

06. 予約して いないんですが、だいじょうぶですか。

① 申し訳　② 何名様
③ 大丈夫　④ 予約済

※ 다음 보기 중 빈칸에 가장 알맞은 것을 고르시오.

07. あの テーブルは 予約＿＿＿＿＿＿です。

① できます　② できません

③ 済み　④ いい

08. 窓の ほうの 席が いいですが、空いた ＿＿＿＿が ありますか。

① 席　② 椅子

③ 窓　④ 案内

09. ご注文が お決まりに なりましたら、＿＿＿＿くださいませ。

① お呼び　② お願い

③ お調べ　④ お待たせ

10. お席の ほうに ＿＿＿＿いたします。どうぞ こちらへ。

① ご覧　② ご案内

③ 何名様　④ 4名様

11. ア：こちらの テーブルは ＿＿＿＿＿＿＿どうぞ おかけくださいませ。

イ：どうも。

① 満席です。　② 予約済みです。

③ いかがですか。　④ 座らないで ください。

12. ア：お名前を お願いします。

イ：＿＿＿＿＿＿＿＿＿＿＿＿＿＿。

① 4人です。　② 中村です。

③ 7時です。　④ 2245 - 7575です。

13. ア：いらっしゃいませ。＿＿＿＿＿＿＿＿＿＿＿＿＿＿。

イ：4人です。

① いくらですか　② 何時ですか

③ お名前は 何ですか　④ 何名様ですか

※ 다음 보기 중 빈칸에 어울리지 않는 것을 고르시오.

14. あの テーブルは 予約＿＿＿＿＿＿＿です。

① 可能　② 済み

③ 不可　④ 時間

15. ＿＿＿＿＿＿＿＿＿。ただ今 満席ですので、少々 お待ちいただけますか。

① 恐れ入ります。　② 申し訳ございません。

③ すみません。　④ ありがとうございます。

16. ア：何名様でしょうか。

イ：＿＿＿＿＿＿＿＿＿＿＿＿＿＿。

① ひとりです。　② 予約です。

③ 2人です。　④ 4人です。

Rest time question

※ 다음 주어진 문장에 어울리는 문장을 쓰시오. (정답 다수)

01. ア：失礼ですが、何名様ですか。
イ：____________________________。

02. ア：もしもし、__________________。
イ：はい、JMレストランでございます。

03. ア： 今晩7時に、__________________。
イ：失礼ですが、何名様ですか。

04. ア：お名前を お願いします。
イ：____________________________。

05. ア：失礼ですが、何名様ですか。
イ：____________________________。

06. ア：失礼いたします。メニューでございます。
ご注文が お決まりに なりましたら、お呼び下さいませ。
イ：____________________________。

07. ア：テーブル席と お座敷が ございますが、どちらが よろしいでしょうか。
イ：____________________________。

08. ア：お______ と______________を伺えますか。
イ：中村です。電話番号は 2245 - 7575です。

09. ア：窓の 方の 席が いいんですが、＿＿＿＿＿＿＿＿＿＿

イ：かしこましました。お席の 方に ご案内いたします。どうぞこ ちらへ。

※ 다음 보기 중 빈칸에 어울리지 않는 것을 고르시오.

10. ア：何名様でしょうか。

イ：＿＿＿＿＿＿＿＿＿＿

① 三人です。 ② ３人です。

③ さんにんです。 ④ ３つです。

11. 本日は満席でございます。＿＿＿＿＿＿＿＿＿＿

① すみません。 ② 申し訳ございません。

③ 承知いたします。 ④ 大変 失礼いたします。

※ 다음 보기 중 밑줄 친 한자를 나타내는 뜻을 고르시오.

12. 本日は 満席でございます。 申し訳ございません。

① 예약 ② 선착순

③ 만석 ④ 취소

13. また、ご連絡ください。お待ちして おります。お電話 ありがとうございました。

① 전화 ② 연락

③ 선착 ④ 취소

14. 予約は ８時３０分に 変更いたしました。

① 취소 ② 변경

③ 예약 ④ 연락

15. お席へ ご案内いたします。

① 좌석　② 안내
③ 연락　④ 예약

16. こちらへ どうぞ。足元に ご注意くださいませ。

① 변경　② 위험
③ 주의　④ 발밑

17. 今晩 7時に 予約した 中村と いいます

① 오늘밤　② 내일
③ 내일밤　④ 오늘

Chapter 03

料理(りょうり)の注文(ちゅうもん)

例1：何(なに)を 召(め)し上(あ)がりますか。

ウェイター： いらっしゃいませ。メニューでございます。
どうぞ、ごらんくださいませ。
何(なに)を 召(め)し上(あ)がりますか。

中村： キムチチゲ 2人前(ににんまえ)と 冷麺(れいめん)、お願(ねが)いします。

ウェイター： お飲(の)み物(もの)は 何(なに)に なさいますか。

中村： ビール ありますか。

ウェイター： はい、ございます。

中村： じゃ、ビール 1本(いっぽん) ください。

ウェイター： それでは、キムチチゲ 2人前(ににんまえ)と 冷麺(れいめん)、
ビール 1本(いっぽん)でございますね。
ありがとうございます。少々(しょうしょう) お待(ま)ちください。

例2：何を 飲みますか

中村：　奥村さん、コーヒーショップに 行きましょうか。

奥村：　はい、いいですよ。

中村：　ここは 静かで、きれいですね。

奥村：　何を 飲みますか。

中村：　私は ホットコーヒー。

奥村：　私も。鈴木さんは。

鈴木：　私は オレンジジュースに します。

中村：　すみません。ホットコーヒー 二つと、
オレンジジュース ひとつ ください。

ウェイター：　かしこまりました。

例3：注文(ちゅうもん) お願(ねが)いします。

奥村：　ここが、韓国式(かんこくしき)の レストランですか。

韓国式(かんこくしき)の 食事(しょくじ)は はじめてですが、

何(なに)が いいですか。

中村：　そうですね。今日(きょう)は 参鶏湯(さむげたん)に しましょうか。

奥村(おくむら)さんは キムチが 食(た)べられますか。

奥村：　はい、食(た)べられます。私(わたし)は キムチが 大好(だいす)きです。

中村：　あの、すみません。注文(ちゅうもん) お願(ねが)いします。

ウェイター：　はい。今、ご注文(ちゅうもん)なさいますか。

中村：　参鶏湯(さむげたん) 2つ(ふたつ)と 冷(つめ)たい ビールを 2本(にほん) ください。

ウェイター：　食事(しょくじ)の 後(あと)は スジョンガか シッケが ございますが、ちらに なさいますか。

中村：　シッケに します。

ウェイター：　はい、かしこまりました。

例4：メニューを お持(も)ちいたします。

ウェイター：　いらっしゃいませ。何名様(なんめいさま)でしょうか。

中村：　2人(ふたり)です。

ウェイター：　こちらへ どうぞ。ただ今(いま)、

メニューを お持(も)ちいたします。

あの、ご注文(ちゅうもん)は お決(き)まりでございますか。

中村：　はい、カルビ定食(ていしょく) 一人前(いちにんまえ)と 石焼(いしやき)ビビンバーを

1つ(ひとつ) お願(ねが)いします。

ウェイター：　はい、かしこまりました。

それでは、カルビ定食(ていしょく)　一人前(いちにんまえ)と　石焼(いしやき)ビビン

バー がお1つ(ひとつ)でございますね。

少々(しょうしょう) お待ちくださいませ。

例5：サンドイッチ ありますか。

ウェイター：　いらっしゃいませ。

中村：　一人（ひとり）です。テーブル ありますか。

ウェイター：　はい、あちらに ございます。ご案内（あんない）いたします。

中村：　ありがとう。メニューを 見（み）せて ください。

ウェイター：　承知（しょうち）しました。どうぞ。

中村：　サンドイッチ ありますか。

ウェイター：　はい、こちらに あります。
どちらに なさいますか。

中村：　チキンサンドイッチを ください。
そして 紅茶（こうちゃ）も お願（ねが）いします。

ウェイター：　かしこまました。
チキンサンドイッチと 紅茶（こうちゃ）ですね。
紅茶（こうちゃ）は ミルクと レモン、どちらに しましょうか。

中村：　ミルクに して ください。

ウェイター：　はい、かしこまりました。

ウェイター：　お待たせしました。

ミルクティーでございます。

サンドイッチも すぐ お持ちいたします。

中村：　どうも。

例6：サラダも　3つ　ください。

ウェイター：	いらっしゃいませ。何名様でしょうか。
中村：	3人です。
ウェイター：	窓側の　お席に　ご案内しましょうか。
中村：	はい、お願いします。
ウェイター：	この　席は　いかがですか。
中村：	はい、結構です。
ウェイター：	ご注文　どうぞ。
中村：	チキンサンドイッチ　2つと　トマトスパーゲッティ　1つ、コーヒー　2つ　そして　紅茶　いっぱい　ください。
ウェイター：	はい、かしこまりました。 サラダは　どうしますか。
中村：	サラダも　3つ　ください。
ウェイター：	はい、コーヒーと　紅茶は　すぐ　お持ちいたしますか。それとも　食事と　一緒に　お持ちいたしますか。
中村：	今　ください。
ウェイター：	かしこまりました。少々　おまちください。

例7：お飲み物は 何に なさいますか。

ウェイター：　おはようございます。本日の　メニューでございます。

こちらが お飲み物で、こちらが お料理でございます。

中村：　はい、どうも。今日は Aセットに します。

ウェイター：　はい、お飲み物は 何に なさいますか。

中村：　オレンジジュースを 下さい。

ウェイター：　はい。かしこまりました。

そして、たまご料理に　ハムか　ベーコンが　つきますが、どちらが よろしいですか。

中村：　ベーコンに して ください。

ウェイター：　コーヒーは すぐ お持ちいたしますでしょうか。

それとも 食後にいたしましょうか。

中村：　コーヒーは 食後に お願いします。

ウェイター：　はい、かしこまりました。少々　お待ちくださいませ。

例8：アイスクリームをお願(ねが)いします。

ウェイター：　今(いま)、ご注文(ちゅうもん)なさいますか。

中村：　Aセット お願(ねが)いします。

ウェイター：　はい、かしこまりました。どんな スープを お召(め)し上(あ)がりますか。

中村：　クリームスープを お願(ねが)いします。

ウェイター：　デザートは 何(なに)に なさいますか。

中村：　何(なに)が ありますが。

ウェイター：　コーヒー、コーラ、ジュース、アイスクリームが ございますが。

中村：　アイスクリームを お願(ねが)いします。

ウェイター：　はい、かしこまりました。
それでは、Aセットと　デザートは　アイスクリームでございますね。
ご注文(ちゅうもん)の　お食事(しょくじ)を　すぐ　お持(も)ちいたします。
少々(しょうしょう) お待(ま)ちくださいませ。

例9：すみません。オレンジジュースは ないです。

ウェイター：　いらっしゃいませ。ご注文 どうぞ。

中村：　ハンバーガー　1つと　オレンジジュースお願いします。

ウェイター：　すみません。オレンジジュースは ないですが。

中村：　では、アイスコーヒーは ありますか。

ウェイター：　はい、ございます。

中村：　アイスコーヒー ください。

ウェイター：　はい、かしこまりました。
それでは、ハンバーガーと　アイスコーヒーですね。

中村：　はい。

ウェイター：　はい、少々 お待ちくださいませ。

Exercises

※ 다음 보기 중 밑줄 친 말에 들어갈 적당한 한자를 고르시오.

01. ここが かんこくしき レストランですか。

① 韓国式　② 日本式

③ 食事前　④ 食事後

02. おはようございます。ほんじつの メニューでございます。

① 今日　② 本日

③ 今　④ 明日

03. こちらが おりょうりでございます。

① 飲食　② 飲物

③ 料理　④ 食物

04. カルビ定食 いちにんまえと 石焼ビビンバーを 一つ お願いします。

① 1人　② 1人前

③ 1人分　④ 2人分

05. ご注文の しょくじを すぐ お持ちいたします。

① 食事　② 石焼

③ 食後　④ 食前

06. チキンサンドイッチを ください。そして こうちゃも お願いします。

① 料理　② 紅茶

③ 食事　④ 石焼

※ 다음 보기 중 빈칸에 가장 알맞은 것을 고르시오.

07. どんな スープを＿＿＿＿＿＿＿＿＿＿ますか。

① お召し上がり　② お伺い
③ お待ち　④ お待たせ

08. カルビ定食 1人前と 石焼ビビンバーが おひとつですね。
少々 ＿＿＿＿＿＿＿＿＿＿＿＿

① ありがとうございます　② 申し訳ございません
③ お待ちくださいませ　④ いらっしゃいませ

09. ア：ご注文は＿＿＿＿＿でございますか。
イ： はい、今注文します。

① お済み　② お待ち
③ お決まり　④ お待たせ

10. ア：紅茶は ミルクと レモン、どちらに しましょうか。
イ：＿＿＿＿＿＿＿にしてください。

① 紅茶　② コーヒー
③ レモン　④ ひとつ

11. ア：お飲み物は 何に なさいますか。
イ： ＿＿＿＿＿一本 ください。

① 石焼ビビンバー　② ミルク
③ ビール　④ 本

12. ア：ビール ありますか。
イ：はい、＿＿＿＿＿＿＿＿＿＿＿＿

① ございます　② ありがとう
③ すみません　④ ください

13. ア：コーヒーは 今 すぐ お持ちいたしますか、

それとも＿＿＿＿＿＿＿に いたしますか。

イ：コーヒーは食後にください。

① 食後　　② 食中

③ 食前　　④ 食事

14. ア：すみません。オレンジジュースは ありませんが。

イ：では、＿＿＿＿＿＿＿＿＿＿は ありますか。

① オレンジ　　② 朝ごはん

③ アイスコーヒー　　④ オレンジジュース

※ 다음 빈칸에 가장 알맞은 것을 고르시오.(15~16)

中村：私は ホットコーヒー。 奥村：私も。鈴木さんは。 鈴木：私は オレンジジュースに します。 すみません。ホットコーヒー＿15.＿と、オレンジジュース＿16.＿ください。

15. ① ひとつ　　② 二つ

③ 三つ　　④ 四つ

16. ① ひとつ　　② 二つ

③ 三つ　　④ 四つ

※ 다음 보기 중 나머지 셋과 다른 하나를 고르시오.

17. ① ビール　　② オレンジジュース

③ コーヒー　　④ キムチチゲ

Rest time question

※ 다음 주어진 문장에 어울리는 문장을 쓰시오. (정답 다수)

01. ア：ご注文は お決まりでございますか。
イ：＿＿＿＿＿＿＿＿＿＿＿，Aセットを ください。

02. ア：＿＿＿＿＿＿＿＿＿＿＿ は 何が ありますか。
イ：コーヒー、コーラ、ジュース、アイスクリームがご ざいますが。

03. ア：コーヒーと 紅茶は すぐ お持ちいたしますか。
それとも 食事と 一緒に お持ちいたしますか。
イ：＿＿＿＿＿＿＿＿＿＿＿＿＿＿＿＿。

04. ア：メニューを みせて ください。
イ：＿＿＿＿＿＿＿＿＿＿＿＿＿＿＿＿。

05. ア：デザートは アイスクリームを お願いします。
イ：＿＿＿＿＿＿＿＿＿＿＿＿＿＿＿＿。

06. ア：オレンジジュース をください。
イ：＿＿＿＿＿＿＿＿＿＿＿＿＿＿＿＿。

07. ア：食事の 後は スジョンガか シッケが ございますが、どちらに なさいますか。
イ：＿＿＿＿＿＿＿＿＿＿＿＿＿＿＿＿。

※ 다음 보기 중 빈칸에 어울리지 않는 것을 고르시오.

08. ア：デザートは いつ お持ちしましょうか。

イ：＿＿＿＿＿＿＿＿＿＿

① 今 ください。　　② 食事と 一緒に ください。

③ 食後に お願いします。　　④ いいです。

09. コーヒーは ホットと アイスが あります。

① ホットにください。　　② アイスにください。

③ 紅茶も ありますか。　　④ 1つください。

※ 다음 보기 중 밑줄 친 한자를 나타내는 뜻을 고르시오.

10. 注文 お願いします。

① 예약　　② 주문

③ 만석　　④ 취소

11. コーヒーは 食後に お願いします。

① 식사　　② 식전

③ 식후　　④ 식간

12. お飲み物は 何に なさいますか。

① 음식　　② 음료

③ 식사　　④ 간식

13. 韓国式レストランですか。

① 한국식　　② 전통식

③ 서양식　　④ 중국식

14. 窓側の お席に ご案内しましょうか。

① 창가석　　② 통로석

③ 개인석　　④ 합석

Chapter

04

おすすめ

例1：スモーク・サーモンは おいしいですか。

ウェイター：　いらっしゃいませ。

中村：　どうも。

ウェイター：　こちらへ どうぞ。

ウェイター：　メニューでございます。

中村：　どうも。

ウェイター：　ご注文(ちゅうもん)は お決(き)まりでしょうか。

中村：　スモーク・サーモンは おいしいですか。

ウェイター：　はい、とても おいしです。サーモンは 北海道(ほっかいどう)で とれた ものです。

中村：　ああ、そうですか。では お願(ねが)いします。

ウェイター：　はい、かしこありました。
何(なに)か ほかに ありますか。

中村：　うーん、スコッチ・オンザロックを ください。

ウェイター：　ありがとうございます。少々(しょうしょう)お待(ま)ちくださいませ。

ウェイター：　スモーク・サーモンとスコッチ・オンザロックでございます。

中村：　おお、おいしそうですね。どうも。

ウェイター：　ありがとうございます。

例2：ドライ・マーティーニを 下さい。

ウェイター：　いらっしゃいませ。ご案内(あんない)いたします。こちらへ どうぞ。

中村：　はい。どうも。

ウェイター：　どうぞ。おかけ下さい。

お飲(の)み物(もの)は どうなさいますか。

中村：　ドライ・マーティーニを 下さい。

ウェイター：　はい。かしこまりました。

中村：　今日(きょう)は 何(なに)が おいしいですか。

ウェイター：　ビーフ・ステキが おいしいと 存(ぞん)じます。

中村：　それに 何(なに)が 付(つ)いて 出(で)ますか。

ウェイター：　バター・ライスと ヌードルでございます。

中村：　それでは、そのビーフ・ステーキの ミディアムと バター・ライスを 下さい。

ウェイター：　スープは どういたしますか。

中村：　コンスープと ソフトロールを 下さい。

ウェイター：　ありがとうございます。少々(しょうしょう) お待(ま)ちくださいませ。

例3：お味を お試しいただけますか。

ソムリエ：　メニューでございます。
何を お飲みに なりますか。

中村：　何か 辛口ものが ほしいんだけど。

ソムリエ：　それでは ムスカデの 方が よろしいと 存じますが。

中村：　じゃ、それを 小瓶で お願いします。

ソムリエ：　かしこましました。少々 お待ちくださいませ。

ソムリエ：　お待たせしました。こちらが ご注文の ムスカデでございます。
今 すぐ お開けして よろしいでしょうか

中村：　ええ、そうして ください。

ソムリエ：　お味を お試しいただけますか。

中村：　うん、いい 香りですね。

ソムリエ：　お気に 入りましたでしょうか。

中村：　とても おいしいです。

Exercises

※ 다음 보기 중 밑줄 친 말에 들어갈 적당한 한자를 고르시오.

01. サーモンは ほっかいどうで とれた ものです。

① 北海道　　② 沖縄

③ 大阪　　④ 東京

02. 何か からくちのものが ほしいです。

① 甘口　　② 辛口

③ 中辛　　④ 甘辛

03. じゃ、それを こびんで お願いします。

① 小瓶　　② 中瓶

③ 大瓶　　④ 5瓶

※ 다음 보기 중 빈칸에 가장 알맞은 것을 고르시오.

04. こちらが ご注文の ムスカデでございます。今 すぐ ＿＿＿＿＿＿＿ よろしいでしょうか。

① お願いして　　② お味して

③ お開けして　　④ お待たせして

05. お味を＿＿＿＿＿＿＿いただけますか。

① お開け　　② お試し

③ お味　　④ お待たせ

06. ア：スモークサーモンは おいしいですか。

イ：はい、とても ＿＿＿＿＿＿＿＿＿＿

① おいしいです　　② ありがとうございます

③ 失礼いたします　　④ お待たせいたします

07. ア：ご注文の ムスカデは＿＿＿＿＿＿＿＿＿＿＿＿でしょうか。

イ：とても おいしいです。

① お持ちいたしました

② お気に入りました

③ お待ちいたしました

④ ご覧になりました

Chapter

05

料理の提供

例1：お待たせいたしました。

ウェイター：　大変 お待たせいたしました。

Aセットの お客様は どなたでしょうか。

中村：　はい、私です。

ウェイター：　Bセットの お客様は どちらでしょうか。

鈴木：　私です。

奥村：　その 参鶏湯は 私のです。

ウェイター：　どうぞ ごゆっくり お召し上がりください。

例2：お下(さ)げして よろしいでしょうか

ウェイター：　お待(ま)たせいたしました。

オレンジジュースは どちら様(さま)でしょうか。

サンドイッチは すぐ お持(も)ちいたします。少々(しょうしょう)お待(ま)ちくださいませ。

ウェイター：　サンドイッチの お味(あじ)は いかがでしたか。

中村：　ええ、おいしかったです。

ウェイター：　何(なに)か、ほかには ございませんか。

中村：　大丈夫(だいじょうぶ)です。

ウェイター：　失礼(しつれい)いたします。お下(さ)げして　よろしいでしょうか。

中村：　はい、お願(ねが)いします。

例3：おいしいですね。

奥村：　　　これは おいしいですね。

鈴木：　　　ええ、とても おいしいですね。

中村：　　　キムチ鍋は どうですか。

奥村：　　　キムチ鍋ですか。少し 辛いですが、とても おいしいです。

中村：　　　そうですか。鈴木さん、みそ鍋は いかがですか。

鈴木：　　　おお、このみそ鍋も とても おいしいです。
どうぞ、お食べください。

中村、奥村：おいしいですね。

例4：こちらが ご注文(ちゅうもん)の 料理(りょうり)でございます。

ウェイター：　お待(ま)たせいたしました。

こちらが ご注文(ちゅうもん)の 料理(りょうり)でございます。

中村：　どうも ありがとう。

ウェイター：　この後(あと) デザートが つきますので、どうぞ ごゆっくり。

ウェイター：　コーヒー、入(い)れましょうか。

中村：　はい、お願(ねが)いします。

例5：キムチを もう 少(すこ)し お願(ねが)いします。

中村：　すみません。参鶏湯(さむげたん)を　頼(たの)んだんですが、まだですか。

ウェイター：　はい、少々(しょうしょう) お待(ま)ちください。
もう すぐ できます。

ウェイター：　お待(ま)たせいたしました。参鶏湯(さむげたん)でございます。

中村：　すみません。キムチを もう 少(すこ)し お願(ねが)いします。

ウェイター：　はい、かしこまりました。
どうぞ。

例6：お熱いですので、どうぞ お気を 付けください。

中村：　すみません。あの、石焼ビビンバーを　2つと
豚カルビを　1人前、
それから ビールを　1本 ください。

ウェイター：　恐れ入ります。豚カルビは2人前からですが。

中村：　じゃあ、2人前ください。

ウェイター：　はい、かしこまりました。

ウェイター：　お待たせいたしました。ビールでございます。
石焼ビビンバーは こちらで よろしいでしょうか。

中村：　はい。

ウェイター：　お熱いですので、どうぞ お気を 付けください。

ウェイター：　もう お済みでございますか。

中村：　はい、どうぞ。

Exercises

※ 다음 보기 중 밑줄 친 말에 들어갈 적당한 한자를 고르시오.

01. たいへん お待たせいたしました。

① 客様　② 大変
③ 大阪　④ 提供

02. サンドイッチの おあじは いかがでしたか。

① 味　② 末
③ 辛　④ 甘

03. 石焼ビビンバーと ぶたカルビを ください

① 牛　② 鳥
③ 豚　④ 羊

04. もう おすみでございますか。

① 済　② 願
③ 後　④ 前

05. あついです。

① 熱い　② 厚い
③ 暑い　④ 篤い

06. どうぞ おきを つけください。

① 気　② 着
③ 機　④ 木

07. 料理の ていきょう

① 提供　② 帝京
③ 配達　④ 案内

※ 다음 보기 중 빈칸에 가장 알맞은 것을 고르시오.

08-10.

石焼ビビンバーを ___08.___ と 豚カルビを ___09.___ それからビールを ___10.___ ください。

① 2つ　② 2人前
③ 2人　④ 1本

11. キムチを もう＿＿＿＿＿お願いします。

① いっぱい　② 大きい
③ 少し　④ ひとつ

12. この後 デザートが つきますので、どうぞ＿＿＿＿＿

① ごゆっくり　② ご覧ください
③ ありがとうございます　④ よろしくお願いします

13. ア：Aセットの お客様は ＿＿＿＿＿でしょうか。

イ：はい、私です。

① 私　② どなた様
③ なん　④ だれ

14. ア：サムゲタンを 頼んだんですが、＿＿＿＿＿

イ：はい、少々お待ちください。もうすぐできます。

① 本日ですか　② まだですか
③ おいしいですか　④ お願いですか

Rest time question

※ 다음 주어진 문장에 어울리는 문장을 쓰시오. (정답 다수)

01. ア：こちらが ご注文の ムスカデでございます。
今すぐ お開けして よろしいでしょうか
イ：＿＿＿＿＿＿＿＿＿＿＿＿＿＿。

02. ア：お飲み物は どうなさいますか。
イ：＿＿＿＿＿＿＿＿＿＿＿＿＿＿。

03. ア：サンドイッチの お味は いかがでしたか。
イ：＿＿＿＿＿＿＿＿＿＿＿＿＿＿。

04. ア：失礼いたします。お下げして よろしいでしょうか。
イ：＿＿＿＿＿＿＿＿＿＿＿＿＿＿。

05. ア：ムスカデを 小瓶で お願いします。
イ：＿＿＿＿＿＿＿＿＿＿＿＿＿＿。

06. ア：Bセットの お客様は どちらでしょうか。
イ：＿＿＿＿＿＿＿＿＿＿＿＿＿＿。

07. ア：すみません。キムチを もう 少し お願いします。
イ：＿＿＿＿＿＿＿＿＿＿＿＿＿＿。

※ 다음 보기 중 빈칸에 어울리지 않는 것을 고르시오.

08. コーヒーを もう__________ お願いします。

① いっぱい　　② 大きい

③ 少し　　④ 二杯

09. サンドイッチの 味は いかがですか。

① おいしいです。　　② いいです。

③ コーヒーもありますか。　　④ まだ、食べてないです。

※ 다음 보기 중 밑줄 친 한자를 나타내는 뜻을 고르시오.

10. 今 すぐ お開けして よろしいでしょうか

① 열다.　　② 보관하다.

③ 취소하다.　　④ 주문하다.

11. お味を お試しいただけますか。

① 맛　　② 음식

③ 시식　　④ 음료

12. 小瓶で お願いします。

① 작은병　　② 유리병

③ 한병　　④ 한잔

13. キムチ鍋は どうですか。

① 전골　　② 볶음

③ 찌개　　④ 국

Chapter

06

バーサービス

例1：ドライマーティ二を ください

ウェイター：　いらっしゃいませ。何名様(なんめいさま)でしょうか。

中村：　二人(ふたり)です。

ウェイター：　禁煙席(きんえんせき)と 喫煙席(きつえんせき)が ありますが。

中村：　禁煙席(きんえんせき)で お願(ねが)いします。

ウェイター：　席(せき)を ご案内(あんない)します。どうぞ

鈴木：　失礼(しつれい)ですが、ノンアルコールカクテルも　ありますか。

ウェイター：　はい、ございます。こちらの メニューは ずべてノンアルコールで、希望(きぼう)に　あわせ　お酒(さけ)の量(りょう)を 選(えら)ぶ ことも できます。

鈴木：　私(わたし)は、バージンブリーズ をください。

中村：　私(わたし)は ドライマーティ二を ください

ウェイター：　かしこまりました。少々(しょうしょう) お待(ま)ちください。

例2：お好(この)みの 味(あじ)は なんですか。

ウェイター： いらっしゃいませ。何名(なんめい)さまでしょうか。

中村： 二人(ふたり)です。

ウェイター： こちらの カウンター席(せき)へ どうぞ。

中村： ここで タバコは 吸(す)えますか。

ウェイター： すみません。ここは 禁煙(きんえん)ビルでございます。
タバコは 1階(いっかい)の 喫煙室(きつえんしつ)まで お願(ねが)いします。

中村： わかりました。この 店(みせ)の お勧(すす)めを お願(ねが)いしたいのですが。

バーテンダー： お好(この)みの 味(あじ)は なんですか。甘(あま)い、すっきり、フルーティーなど ありますが。

中村： 私(わたし)は すっきり。

鈴木： 私(わたし)は フルーティで お願(ねが)いします。

バーテンダー：　中村様は　中甘辛口で、アルコール　度数も普通である カンパリソーダか、 ジントニックが いいと 思います。
そして　鈴木様は　甘口で　アルコルが　弱いカンパリオレンジか　スクリュードライバーは どうですか。

中村：　私は まず ジントニック お願いします。

鈴木：　私は スクリュードライバー いっぱい ください。

バーテンダー：　かしこまりました。

例3：ドライマーティ二, とても おいしいです。

中村：　ドライマーティ二 とても おいしいです。もう いっぱい ください。

バーテンダー：　ありがとうございます。すぐ お持(も)ちします。

中村：　鈴木(すずき)さんは どうですか。

鈴木：　私(わたし)も 同(おな)じ もので いっぱい ください。

バーテンダー：　はい、かしこまりました。

Exercises

※ 다음 보기 중 밑줄 친 말에 들어갈 적당한 한자를 고르시오.

01. きんえん席で お願いします。

① 喫煙　② 禁煙
③ 近年　④ 座敷

02. この 店の おすすめを お願いします。

① お勧　② お願
③ お水　④ お待

03. アルコルが よわい カンパリオレンジは どうですか。

① 弱い　② 強い
③ 辛い　④ 甘い

04. スクリュードライバーは あまくちです。

① 甘口　② 辛口
③ 一口　④ 中口

05. ジントニックは 中甘からくちです。

① 甘口　② 辛口
③ 一口　④ 中口

06. タバコは いっかいの 喫煙室まで お願いします。

① 1回　② 1階
③ 1介　④ 二回

※ 다음 보기 중 빈칸에 가장 알맞은 것을 고르시오.

07. ア：ここで タバコは 吸えますか。

イ：＿＿＿＿＿＿＿＿＿＿ ここは 禁煙ビルでございます。

① どうも。

② ありがとうございます。

③ すみません。

④ お待たせいたします。

09. ア：失礼ですが、ノンアルコールカクテルも ありますか。

イ：＿＿＿＿＿＿＿＿ こちらの メニューは ずべて ノンアルコールです。

① いいえ。　② はい。

③ いいです。　④ どうも。

Chapter 07

コンプレイン

例1：頼んだ 料理は いつ 出ますか。

中村：　すみません。

ウェイター：　はい、何でしょうか。

中村：　もう 注文して 30分が 過ぎました。頼んだ 料理は いつ 出ますか。

ウェイター：　申し訳ございません。ご注文の 料理は キムチ鍋 1つと味噌なべ 1つでよろしいでしょうか。

中村：　そうです。

ウェイター：　すぐ お調べいたします。

ウェイター：　大変 お待たせしました。キムチ鍋と 味噌鍋でございます。

中村：　どうも。

例2：不便を おかけ 大変 失礼いたしました。

中村：　すみません。この 料理、私は 注文した もの では ないと 思います。

わたしは 韓牛ステーキを 頼んだんですが、これ は サーモンステーキです。

ウェイター：　申し訳ございません。すぐ 韓牛ステーキを お 持ちします。

ウェイター：　お待たせしました。中村様の韓牛ステーキでご ざいます。

不便を かけ 大変 失礼いたしました。また 何 か ありましたら お呼びください。

例3：すぐかわりお持ちいたします。

ウェイター：　食事は　どうでしょうか。料理はお口に合えますでしょうか。

中村：　実は、この　サラダは　古いと　思います。新鮮では　ないです。
そして、この　スープも　味が　うすくて　まずいです。

ウェイター：　申し訳ございません。サラダも　スープも　すぐかわりを　お持ちいたします。

ウェイター：　お待たせしました。新しい　ものを　お持ちしました。
そして、よろしければ　食後の　デザートを　サービスとして　お持ちしたいと　思いますが。

中村：　すみません。

ウェイター：　こちらの　ケーキ類と　アイスクリーム、コーヒーから　お好きな　ものが　選べますので、食後に　また　お呼びください。

中村：　どうも。

Exercises

※ 다음 보기 중 밑줄 친 말에 들어갈 적당한 한자를 고르시오.

01. たのんだ 料理は いつ 出ますか。

① 頼　② 願
③ 他　④ 多

02. かんぎゅうステーキでございます。

① 和牛　② 韓牛
③ 半牛　④ 日牛

03. この サラダは ふるいと 思います。

① 古い　② 汚い
③ 新しい　④ 旧い

04. ふべんを かけて しまいました。

① 不便　② 便利
③ 迷惑　④ 失礼

05. ケーキるいでございます。

① 塁　② 類
③ 種　④ 数

06. この サラダは しんせんでは ないです。

① 新鮮　② 鮮明
③ 神仙　④ 新線

07. 注文して 30分が すぎました。

① 杉　② 過
③ 超　④ 椙

※ 다음 보기 중 빈칸에 가장 알맞은 것을 고르시오.

08. ア：もう 注文して 30分が 過ぎました。頼んだ 料理は いつ 出ますか。

イ：＿＿＿＿＿＿＿＿＿＿＿＿＿＿ すぐ お調べいたします。

① 大変 申し訳ございません。

② ありがとうございます。

③ わかりました。

④ お待たせいたします。

09. ア：この サラダは 新鮮では ないです。

イ：申し訳ございません。＿＿＿＿＿＿＿＿＿＿＿＿

① 少々 お待ちください。

② すぐ かわりをお 持ちいたします。

③ では 味は どうですか。

④ どうしましょう。

Chapter

08

キャッシャー

例1：勘定書き(かんじょうがき) お願(ねが)いします。

中村：　　　すみません、勘定書き(かんじょうがき) お願(ねが)いします。

ウェイター：　はい、別々(べつべつ)に　計算(けいさん)されますか。それとも　お一人(ひとり)でなさいますか。

中村：　　　私(わたし)の ほうに お願(ねが)いします。

ウェイター：　はい、かしこまりました。
現金(げんきん)ですか、クレジットカードですか。

中村：　　　クレジットカードに します。

ウェイター：　はい、かしこまりました。

例2：サインを お願（ねが）いいたします。

中村：　すみません。お勘定（かんじょう） お願（ねが）いします。

ウェイター：　ありがとうございます。お会計（かいけい）で　よろしいでしょうか。

中村：　お願（ねが）いします。

ウェイター：　はい、かしこまりました。少々（しょうしょう）　お待（ま）ちくださいませ。

ウェイター：　お待（ま）たせいたしました。合計（ごうけい）は　3万6千（さんまんろくせん）ウォンに なります。
計算（けいさん）は どういたしますか。

中村：　この カードは 使（つか）えますか。

ウェイター：　はい、使（つか）えます。ここに サインを お願（ねが）いいたします。

例3：計算は どちらですか。

中村：　　　　　こちそうさま。計算は どちらですか。

ウェイター：　　あちらの カウンターで お願いします。

中村：　　　　　はい、どうも。

キャッシャー：　お会計でございますか。

中村：　　　　　ええ、クレジットカードでも　いいでしょうか。

キャッシャー：　はい。それでは　ここに　サインを　お願いします。

中村：　　　　　はい、ありがとうございます。

例4：伝票は お持ちですか。

ウェイター：　お下げしても よろしいですか。

中村：　はい。すみません。おしぼり ありますか。

ウェイター：　はい、どうぞ。

中村：　計算は どこですか。

ウェイター：　入口の ほうの カウンターで お願いします。

中村：　ありがとうございます。

中村：　いくらですか

キャッシャー：　伝票は お持ちですか。

中村：　はい、ここに あります。

キャッシャー：　合計 1万8千ウォンに なります。

こちら レシートに なります。

ありがとうございます。また お越しくださいませ。

例5：1,800ウォンの お返しです。

中村：　すみません。

ウェイター：　はい、いらっしゃいませ。ご注文伺います。

中村：　コーヒー 1つと チーズサンドイッチ 1つ ください。

ウェイター：　はい、こちらで 召し上がりますか。
それとも お持ち帰りですか。

中村：　ここで 食べます。

ウェイター：　はい、かしこまりました。
コーヒーが　お1つと　チーズサンドイッチが お1つですね。8,200ウォンに なります。

中村：　はい。どうぞ。

ウェイター：　1万ウォン　お預かりします。こちらは レシートと 1,800ウォンの お返しです。
どうぞ、お確かめくださいませ。

Exercises

※ 다음 보기 중 밑줄 친 말에 들어갈 적당한 한자를 고르시오.

01. かんじょう書き お願いします。

① 計算　② 勘定
③ 伝票　④ 合計

02. 会計は げんきんですか、クレジットカードですか。

① 現金　② 勘定
③ 計算　④ 合計

03. ありがとうございます。おかいけいで よろしいでしょうか。

① 会計　② 現金
③ 計算　④ 合計

04. でんぴょうは お持ちですか。

① 伝票　② 伝達
③ 勘定　④ 入口

※ 다음 보기 중 빈칸에 가장 알맞은 것을 고르시오.

05. チーズバーガー ひとつと コーヒー 合計＿＿＿＿＿＿でございます。

① 現金　② 8200ウォン
③ お持ち帰り　④ お召し上がり

06. ア：計算は＿＿＿＿＿＿＿＿＿＿

イ：入口のほうのカウンターでお願いします。

① いくらですか　② どこですか
③ 現金ですか　④ カードですか

07. ア：別々に 計算されますか。それとも＿＿＿＿＿＿＿＿＿＿

イ：私の ほうに お願いします。

① 私に しますか　② 現金に しますか

③ カード にしますか　④ おひとりで なさいますか

08. ア：＿＿＿＿＿＿＿＿＿＿それとも クレジットカードですか。

イ：現金に します。

① 私ですか　② 現金ですか

③ 会計ですか　④ カードですか

09. ア：クレジットカードでも いいですか。

イ：はい、それでは ここに ＿＿＿＿＿を お願いします。

① 現金　② サイン

③ 会計　④ お味

Rest time question

※ 다음 주어진 문장에 어울리는 문장을 쓰시오. (정답 다수)

01. ア：ここに サイン お願いします。

イ：____________________________。

02. ア：こちらで 召し上がりますか。それとも お持ち帰りですか。

イ：____________________________。

03. ア：伝票は お持ちですか。

イ：____________________________。

04. ア：計算は あちらの カウンターで お願いします。

イ：____________________________。

05. ア：お待たせいたしました。合計は 3万6千ウォンに なります。

____________________________。

イ：現金で 払います。

06. ア：計算は 現金ですか、クレジットカードですか。

イ：____________________________。

07. ア：別々に 計算されますか。それとも お一人で なさいますか。

イ：____________________________。

※ 다음 보기 중 밑줄 친 한자를 나타내는 뜻을 고르시오.

08. 希望に あわせ お酒の 量を 選ぶ ことも 可能です。

① 희망　　② 주문

③ 식사　　④ 취소

09. お確かめくださいませ。

① 확인　　② 계산

③ 전표　　④ 합계

10. 1万ウォン お預かりします。

① 받다.　　② 건내다.

③ 계산하다.　　④ 지불하다.

11. 伝票は お持ちですか。

① 계산서　　② 영수증

③ 식권　　④ 현금

12. 計算は どこですか。

① 계산하는 곳　　② 영수증 내는 곳

③ 음식 받는 곳　　④ 음식 먹는 곳

13. 現金ですか、クレジットカードですか。

① 현금　　② 카드

③ 식권　　④ 영수증

14. 合計は 3万6千ウォンに なります。

① 합계　　② 영수증

③ 현금　　④ 전표

Appendix 01

▸ 본문해석

▸ 정답 및 해설

Chapter 01 전화 예약

예1 : 오늘 밤 7시에 예약할 수 있습니까?

나카무라 : 여보세요, JM레스토랑 인가요?

웨이터 : 네, JM레스토랑 입니다.

나카무라 : 오늘 밤 7시에 예약할 수 있습니까?

웨이터 : 실례지만 몇 분이십니까?

나카무라 : 4명입니다.

웨이터 : 테이블 석과 개인 실이 있습니다.

나카무라 : 개인 실로 부탁합니다.

웨이터 : 알겠습니다.
성함과 전화번호를 알려 주시겠습니까.

나카무라 : 전화번호는 2245-7575입니다.

웨이터 : 나카무라씨 예약 감사드립니다.

나카무라 : 그럼, 부탁합니다.

웨이터 : 기다리고 있겠습니다.

예2 : 오늘은 만석 입니다.

나카무라 : JM레스토랑입니까?

웨이터 : 네, JM레스토랑입니다.

나카무라 : 오늘밤 7시에 예약을 부탁하고 싶은데요.

웨이터 : 잠시 기다려 주십시오. 지금 알아보겠습니다.

오래 기다리셨습니다. 공교롭게도 오늘은 만석입니다. 예약 못해드려 너무나 죄송합니다.

나카무라 : 알겠습니다. 그럼 실례하겠습니다.

웨이터 : 또 연락 주세요. 기다리고 있겠습니다.
전화주셔서 고맙습니다.

예3 : 예약은 오늘밤 8시 30분으로 변경 하였습니다.

나카무라 : JM레스토랑 인가요?

웨이터 : 네, JM레스토랑 입니다.

나카무라 : 오늘밤 7시에 예약한 나카무라라고 합니다. 조금 늦을 것 같은데 예약시간 변경 가능한가요?

웨이터 : 네, 알겠습니다. 몇 시로 변경 해 드릴까요?

나카무라 : 8시도 가능한가요?

웨이터 : 네, 잠시만 기다려 주세요.

웨이터 : 오래 기다리셨습니다. 죄송하지만 8시는 예약이 꽉차있어서, 8시 30분은 어떠십니까?

나카무라 : 부탁드리겠습니다.

웨이터 : 나카무라님의 예약을 오늘밤 8시 30분으로 변경 하였습니다.

나카무라 : 감사합니다.

웨이터 : 아닙니다. 기다리고 있겠습니다.

정답 및 해설

01	①	테이블석과 개인실이 있습니다. ① 個室(こしつ)개인실 / ② 座席(ざせき)좌석 / ③ 椅子(いす)의자 / ④ 個人(こじん)개인
02	④	또 연락 주십시오. 기다리고 있겠습니다. ① 場合(ばあい)경우 / ② 少々(しょうしょう)조금 / ③ 満席(まんせき)만석 / ④ 連絡(れんらく)연락
03	①	이름과 전화번호를 여쭙겠습니다. ① 名前(なまえ)이름 / ② 電話(でんわ)전화 / ③ 中村(なかむら)나카무라 / ④ 連絡(れんらく)연락
04	③	실례합니다만, 몇 분이십니까? ① 連絡(れんらく)연락 / ② 予約(よやく)예약 / ③ 失礼(しつれい)실례 / ④ 今晩(こんばん)오늘밤
05	③	오늘은 만석입니다. ① 予約(よやく)예약 / ② 番号(ばんごう)번호 / ③ 満席(まんせき)만석 / ④ 名前(なまえ)이름
06	①	전화 감사합니다. ① 電話(でんわ)전화 / ② 連絡(れんらく)연락 / ③ 満席(まんせき)만석 / ④ 今晩(こんばん)오늘밤
07	②	알겠습니다. 실례했습니다. ① 満席(まんせき)만석 / ② 失礼(しつれい)실례 / ③ 予約(よやく)예약 / ④ 電話(でんわ)전화
08	①	나카무라님의 예약은 오늘밤 8시 30분으로 변경 하였습니다. ① 変更(へんこう)변경 / ② 電話(でんわ)전화 / ③ 予約(よやく)예약 / ④ 満席(まんせき)만석
09	②	조금만 기다려주세요. ① 少し(すこし)조금 / ② 少々(しょうしょう)조금 / ③ 代々(だいだい)대략 / ④ 時々(ときどき)때때로

10	③	8시 반은 어떠십니까? ① 時(じ)시 / ② 分(ふん)분 / ③ 半(はん)반 / ④ 何(なん)무엇
11	②	오늘밤 7시에 예약 가능한가요? ① お名前(おなまえ)이름 / ② 予約(よやく)예약 / ③ 満席(まんせき)만석 / ④ 何名様(なんめいさま)몇 분
12	①	이름과 전화번호를 여쭙겠습니다. ① 伺え(うかがえ)여쭙다 / ② 失礼(しつれい)실례 / ③ お願い(おねがい)부탁 / ④ お待ち(おまち)기다림
13	②	전화번호는 2245-7575입니다. ① 名前(なまえ)이름 / ② 電話番号(でんわばんごう)전화번호 / ③ 4人(よにん)4인 / ④ 中村(なかむら)나카무라
14	①	예약 감사합니다. ① ありがとう 감사합니다. / ② あけまして 시작하다. / ③ すみません 죄송합니다. / ④ おはよう 안녕(아침인사)
15	③	조금만 기다려 주세요. 금방 알아 보겠습니다. ① お電話 전화 / ② お願い 부탁 / ③ お調べ 찾다. / ④ お待たせ 기다리다.
16	②	오늘은 만석입니다. 정말 죄송합니다. ① ありがとう 감사합니다. / ② 申し訳 죄송하다. / ③ あいにく 죄송하다. / ④ 失礼 실례
17	①	실례합니다. 몇분 이십니까? 4명입니다. ① 失礼ですが 실례합니다만, / ② ありがとうございますが 감사합니다만, / ③ 本日は満席でございますが 오늘은 만석입니다만, / ④ コーヒーとジュースがありますが 커피와 오렌지 주스가 있습니다만,
18	①	테이블석과 개인석이 있습니다. 개인석으로 부탁드립니다. ① 個室 개인실 / ② テーブル 테이블 / ③ ほう 쪽 / ④ 席 자리

Chapter 02 좌석안내

예1 : 어서 오십시오. 몇 분이십니까?

웨이터 : 어서 오십시오. 몇 분이십니까?

나카무라 : 4명입니다. 창가쪽이 좋은데 빈 자리가 있습니까?

웨이터 : 네, 알겠습니다. 네분이시죠? 자리로 안내해 드리겠습니다.
이쪽으로 오십시오.

예2 : 자리로 안내해 드리겠습니다.

웨이터 : 어서 오십시오. 몇 분이십니까?

나카무라 : 4명입니다.

웨이터 : 4분이시네요. 자리로 안내해 드리겠습니다. 잠시만 기다려주세요.

나카무라 : 네

웨이터 : 오래 기다리셨습니다. 테이블석과 실내석이 있습니다만 어느쪽으로 하시겠습니까?

나카무라 : 실내석으로 부탁드립니다.

웨이터 : 네 알겠습니다. 이쪽으로 오십시오.

예3 : 카운터석은 금방 안내 가능합니다.

웨이터 : 어서 오십시오. 몇 분이십니까?

나카무라 : 두명입니다.

웨이터 : 네 알겠습니다. 두분이시면, 테이블석은 10분정도 기다리셔야 하지만, 카운터 석은 금방 안내 가능합니다. 카운터 석도 괜찮으신가요?

나카무라 :	네 괜찮습니다.

웨이터 :	이쪽으로 오십시오.

예4 : 7시에 예약했습니다.

웨이터 :	어서 오십시오.

나카무라 :	안녕하세요. 7시에 예약했습니다만.

웨이터 :	성함을 알려주세요.

나카무라 :	나카무라입니다.

웨이터 :	나카무라씨 기다리고 있었습니다. 자리로 안내해 드리겠습니다. 이쪽으로 오십시오. 발밑을 조심하십시오.

예5 : 지금은 만석입니다.

웨이터 :	어서 오십시오. 몇 분이십니까?

나카무라 :	두명입니다. 저, 예약하지 않았는데 괜찮은가요?

웨이터 :	죄송합니다. 지금 만석 이어서, 잠시 기다려 주시겠습니까?

나카무라 :	얼마나 기다려야 합니까?

웨이터 :	죄송합니다. 15분 정도 입니다.

예6 : 저 테이블은 예약되어 있습니다.

웨이터 :	손님, 이 테이블은 어떠십니까?

나카무라 :	미안한데요, 저쪽이 좋은데.

웨이터 :	죄송합니다만, 저 테이블은 예약되어있습니다.

나카무라 : 그래요? 창가쪽 테이블이 좋은데, 비어있는 자리없을까요?

웨이터 : 네 알겠습니다. 이쪽으로 오십시오.

실례하겠습니다. 메뉴입니다. 주문이 결정되면 불러주십시오.

나카무라 : 고맙습니다.

정답 및 해설

01	①	4분이시군요. ① 4名様(よんめいさま)4분 / ② 3名様(さんめいさま)3분 / ③ 6名様(ろくめいさま)6분 / ④ 5名様(ごめいさま)5분
02	②	자리로 안내해 드리겠습니다. ① 窓(まど)창문 / ② 席(せき)자리 / ③ 方(ほう)방향 / ④ 空(そら)하늘
03	②	테이블석은 10분정도 기다리셔야 합니다. ① 5分(ごふん)5분 / ② 10分(じゅっぷん)10분 / ③ 15分(じゅうごふん)15분 / ④ 20分(にじゅっぷん)20분
04	②	7시에 예약했습니다. ① 6時(ろくじ)6시 / ② 7時(しちじ)7시 / ③ 8時(はちじ)8시 / ④ 5時(ごじ)5시
05	②	이쪽으로 오십시오. 발 밑 조심하십시오. ① 中村(なかむら)나카무라 / ② 注意(ちゅうい)주의 / ③ 案内(あんない)안내 / ④ 名前(なまえ)이름
06	③	예약하지 않았는데 괜찮은가요? ① 申し訳(もうしわけ)죄송합니다. / ② 何名様(なんめいさま)몇 분 / ③ 大丈夫(だいじょうぶ)괜찮다 / ④ 予約済(よやくずみ)예약완료
07	③	죄송합니다만, 저 테이블은 예약되어있습니다. ① そうですが 그렇습니다만, / ② 恐れ入りますが 죄송합니다만, / ③ おはようございますが 안녕하십니까만, / ④ ありがとうございますが 감사합니다만,
08	①	창문 근처 자리가 좋은데, 빈자리 있습니까? ① 席 자리 / ② 椅子 의자 / ③ 窓 창문 / ④ 案内 안내
09	①	주문 결정되시면 불러 주십시오. ① お呼び 부르다 / ② お願い 부탁하다 / ③ お調べ 찾다 / ④ お待たせ 기다리다
10	②	자리로 안내해 드리겠습니다. 이쪽으로 오십시오.

		① ご覧 보다 / ② ご案内 안내 / ③ 何名様 몇 분 / ④ 4名様 4분
11	②	이쪽테이블은 어떠신가요? 이쪽으로 앉으세요. 감사합니다. ① 満席です。만석입니다. / ② 予約済みです。예약완료입니다 / ③ いかがですか。어떠십니까? / ④ 座らないでください。앉지마십시오.
12	②	성함 부탁 드립니다. 나카무라입니다. ① 4人です 4명입니다. / ② 中村です 나카무라입니다. / ③ 7時です 7시 입니다. / ④ 2245−7575です 2245-7575입니다.
13	④	어서 오십시오. 몇분 이십니까? 4명입니다. ① いくらですか 얼마입니까 / ② 何時ですか 몇시입니까 / ③ お名前はなんですか 성함이 어떻게 되십니까 / ④ 何名様ですか 몇 분이십니까
14	④	저 테이블은 예약되어 있습니다. (예약이 완료되었습니다.) ① 可能 가능 / ② 済み 완료 / ③ 不可 불가 / ④ 時間 시간
15	④	죄송합니다. 지금 만석입니다. 잠깐 기다려 주시겠습니까. ① 恐れ入ります。죄송합니다. / ② 申し訳ございません。죄송합니다. / ③ すみません。죄송합니다. / ④ ありがとうございます。감사합니다.
16	②	몇 분이십니까? ① ひとりです。한명입니다. / ② 予約です。예약입니다. / ③ 2人です。2명입니다. / ④ 4人です。4명입니다.

쉬어가는 문제

1		ア : 실례합니다. 몇 분이십니까? イ : 2人です。두명입니다
2		ア : 여보세요、JMレストランですか。JM레스토랑입니까. イ : 네 `JM레스토랑입니다.
3		ア : 오늘밤 7시에 予約したいです。예약하고 싶습니다. イ : 실례합니다만, 몇 분이십니까?
4		ア : 성함이 어떻게 되십니까? イ : 中村です。나카무라입니다.

5		ア : 실례합니다만, 몇 분이십니까? イ : 二人です。 두명입니다.
6		ア : 실례하겠습니다. 메뉴입니다. 주문을 결정하시면 불러주세요. イ : はい、わかりました。 알겠습니다.
7		ア : 테이블 석과 방이 있습니다만 어디로 하시겠습니까? イ : テーブル席でお願いします。테이블 석으로 주세요.
8		ア : お名前と電話番号を 성함과 전화번호를 여쭙겠습니다. イ : 나카무라입니다. 전화번호는 2245-7575입니다.
9		ア : 창가 자리가 좋은데, 窓席はありますか。창가자리도 있나요? イ : 알겠습니다. 자리로 안내해 드리겠습니다. 이쪽으로 오십시오.
10	④	ア : 何名様でしょうか。몇 분이십니까? ① 三人です。3명입니다. / ② 3人です。3명입니다. / ③ さんにんです。3명입니다. / ④ 3つです。3개입니다.
11	③	오늘은 만석입니다. ① すみません。すみません。죄송합니다. / ② 申し訳ございません。죄송합니다. / ③ 承知いたします。알겠습니다. / ④ 大変失礼いたします。정말 죄송합니다.
12	③	오늘은 만석입니다. 정말 죄송합니다. ① 예약 / ② 선착순 / ③ 만석 / ④ 취소
13	②	또, 연락 주십시오. 기다리고 있겠습니다. 전화 감사했습니다. ① 전화 / ② 연락 / ③ 선착 / ④ 취소
14	②	예약은 8시 30분으로 변경 하였습니다. ① 취소 / ② 변경 / ③ 예약 / ④ 연락
15	②	자리로 안내해 드리겠습니다. ① 좌석 / ② 안내 / ③ 연락 / ④ 예약
16	③	이쪽으로 오십시오. 발 밑을 주의 하십시오. ① 변경 / ② 위험 / ③ 주의 / ④ 발밑
17	①	오늘밤 7시에 예약한 나카무라라고 합니다. ① 오늘밤 / ② 내일 / ③ 내일 밤 / ④ 오늘

Chapter 03 요리의 주문

예1 : 무엇을 드시겠습니까?

웨이터 : 어서 오십시오. 메뉴입니다. 천천히 보십시오. 무엇을 드시겠습니까?

나카무라 : 김치찌개 2인분과 냉면 부탁합니다.

웨이터 : 마실 것은 어떤 것으로 하시겠습니까?

나카무라 : 맥주 있습니까?

웨이터 : 네, 있습니다.

나카무라 : 그럼, 맥주 한명 주세요.

웨이터 : 그럼, 김치찌개 2인분과 냉면, 맥주 한 병 주문 받았습니다.
감사합니다. 잠시만 기다려 주십시오.

예2 : 어떤걸 마시겠습니까?

나카무라 : 오쿠무라씨, 커피숍에 갈까요?

오쿠무라 : 좋습니다.

나카무라 : 여기는 조용하고 깨끗하네요.

오쿠무라 : 어떤 걸 마시겠습니까?

나카무라 : 저는 따뜻한 커피.

오쿠무라 : 저도 그걸로 하겠습니다. 스즈키씨는요?

스즈키 : 저는 오렌지 주스로 하겠습니다.

나카무라 : 저기요, 여기 따뜻한 커피 두잔, 오렌지 주스 한잔 주세요.

웨이터 : 알겠습니다.

예3 : 주문 하겠습니다.

오쿠무라 : 여기가 한국식당 인가요? 한국식 식사는 처음인데 무엇이 좋을까요?

나카무라 : 그러게요. 오늘은 삼계탕 어떤가요?
오쿠무라씨는 김치 드실 수 있으신가요?

오쿠무라 : 먹을 수 있습니다. 전 김치 정말 좋아합니다.

나카무라 : 저기 실례합니다. 주문하겠습니다.

웨이터 : 네, 지금 주문하시겠습니까?

나카무라 : 삼계탕두그릇과, 시원한 맥주 2병 주세요.

웨이터 : 식사 후에 수정과나 식혜가 나오는데 어떤 걸로 드릴까요?

나카무라 : 식혜로 주세요.

웨이터 : 네 알겠습니다.

예4 : 메뉴판 드리겠습니다.

웨이터 : 어서 오십시오. 몇 분 이신가요?

나카무라 : 두명입니다.

웨이터 : 이쪽으로 오십시오. 금방 메뉴판 드리겠습니다.
주문은 결정 하셨나요?

나카무라 : 네, 갈비정식 1인분과 돌솥 비빔밥 한개 부탁드립니다.

웨이터 : 네, 알겠습니다. 갈비정식 1인분과 돌솥 비빔밥 한 그릇 주문하셨습니다.
잠시만 기다려 주십시오.

예5 : 샌드위치 있습니까?

웨이터 : 어서오십시요.

나카무라 : 한명입니다. 자리 있나요?

웨이터 : 네, 저쪽에 있습니다. 안내해 드리겠습니다.

나카무라 : 감사합니다. 메뉴 보여주세요.

웨이터 : 알겠습니다. 여기 있습니다.

나카무라 : 샌드위치 있습니까?

웨이터 : 네, 이쪽에 있습니다. 어떤 걸로 드릴까요?

나카무라 : 치킨 샌드위치로 주세요. 그리고 홍차도 부탁드립니다.

웨이터 : 알겠습니다. 치킨샌드위치와 홍차 주문하셨습니다. 홍차는 밀크와 레몬, 어떤 걸로 하시겠습니까?

나카무라 : 밀크로 주세요.

웨이터 : 네 알겠습니다.

웨이터 : 오래 기다리셨습니다. 밀크티 입니다. 샌드위치도 금방 가져다 드리겠습니다.

나카무라 : 감사합니다.

예6 : 샐러드도 3개 주세요.

웨이터 : 어서오십시오. 몇 분 이십니까?

나카무라 : 3명입니다.

웨이터 : 창가쪽 자리로 안내해 드려도 될까요?

나카무라 : 네, 부탁드립니다.

웨이터 : 이쪽 좌석은 어떠신지요?

나카무라 : 네 괜찮습니다.

웨이터 : 주문하시겠어요?

나카무라 : 치킨 샌드위치 2개와 토마토 스파게티, 커피두잔 그리고 홍자 한잔 주세요.

웨이터 : 네 알겠습니다. 샐러드도 하시겠어요?

나카무라 : 샐러드도 3개 주세요.

웨이터 : 네, 커피와 홍차는 바로 드릴까요? 아니면 음식과 함께 드릴까요?

나카무라 : 지금 주세요.

웨이터 : 네 알겠습니다. 잠시만 기다려 주세요.

예7 : 음료는 무엇으로 하시겠어요?

웨이터 : 안녕하세요. 오늘의 메뉴입니다. 이쪽이 음료이고, 이쪽이 식사입니다.

나카무라 : 네, 감사합니다. 오늘은 A세트로 하겠습니다.

웨이터 : 네, 음료는 무엇으로 하시겠어요?

나카무라 : 오렌지 주스 주세요.

웨이터 : 네, 알겠습니다.
그리고 달걀 요리에 햄이나 베이컨을 선택하셔야 하는데 어떤 것으로 하시겠어요?

나카무라 : 베이컨으로 주세요.

웨이터 : 커피는 지금 준비 해 드릴까요? 아니면 식후에 준비해 드릴까요?

나카무라 : 커피는 식후에 부탁드립니다.

웨이터 : 네, 알겠습니다. 잠시만 기다려 주십시오.

예8 : 아이스크림으로 주세요.

웨이터 : 지금 주문하시겠어요?

나카무라 : A세트로 부탁드립니다.

웨이터 : 네 알겠습니다. 어떤 스프를 드시겠습니까?

나카무라 : 크림스프 부탁드립니다.

웨이터 : 디저트를 무엇으로 하시겠습니까?

나카무라 : 어떤 것이 있습니까?

웨이터 : 커피, 콜라, 주스, 아이스크림이 있습니다.

나카무라 : 아이스크림으로 주세요.

웨이터 : 네 알겠습니다.
A세트에 디저트는 아이스크림 주문 하셨습니다.
주문하신 음식 바로 가져다 드리겠습니다. 잠시만 기다려 주십시오.

예9 : 죄송합니다. 오렌지 주스는 없습니다.

웨이터 : 어서 오십시오. 주문 부탁드립니다.

나카무라 : 햄버거 1개와, 오렌지 주스 주세요.

웨이터 : 죄송합니다. 오렌지 주스는 없습니다.

나카무라 : 그럼, 아이스 커피는 있습니까?

웨이터 : 네 있습니다.

나카무라 : 그럼 아이스 커피 주세요.

웨이터 : 네 알겠습니다.
그럼, 햄버거 1개와 아이스 커피 드리겠습니다.

나카무라 : 네.

웨이터 : 잠시만 기다려 주십시오.

정답 및 해설

01	①	여기가 한국식 레스토랑 입니까? ① 韓国式(かんこくしき)한국식 / ② 日本式(にほんしき)일본식 / ③ 食事前(しょくじまえ)식사전 / ④ 食事後(しょくじご)식사후
02	②	안녕하세요. 오늘의 메뉴입니다. ① 昨日(きのう)내일 / ② 本日(ほんじつ)오늘 / ③ 今(いま)지금 / ④ 明日(あした)내일
03	③	이쪽이 요리입니다. ① 飲食(いんしょく)음식 / ② 飲物(のみもの)마실 것 / ③ 料理(りょうり)요리 / ④ 食物(たべもの)음식
04	②	갈비정식 1인분과 돌솥비빔밥 1개 부탁드립니다. ① 1人(いちにん)1인 / ② 1人前(いちにんまえ)1인분 / ③ 1人分(いちにんぶん)1인직책 / ④ 2人分(ににんぶん)2인직책
05	①	주문하신 식사를 금방 가지고 오겠습니다. ① 食事(しょくじ)식사 / ② 石焼(いしやき)돌솥 / ③ 食後(しょくご)식후 / ④ 食前(しょくぜん)식전
06	②	치킨샌드위치를 주세요. 그리고 홍차도 부탁드립니다. ① 料理(りょうり)요리 / ② 紅茶(こうちゃ)홍차 / ③ 食事(しょくじ)식사 / ④ 石焼(いしやき)돌솥
07	①	어떤 스프를 드시겠습니까? ① お召し上がり 드시다 / ② お伺い 묻다 / ③ お待ち 기다리다 / ④ お待たせ 기다리다
08	③	갈비정식1인분과 돌솥비빔밥 한개 주문하셨네요. 잠시만 기다려주세요. ① ありがとうございます 감사합니다. / ② 申し訳ございません 죄송합니다. / ③ お待ちくださいませ 기다려주세요. / ④ いらっしゃいませ 어서오십시오.

09	③	주문 결정하셨나요? 네 지금 주문하겠습니다. ① お済み 끝나다, 완료하다 / ② お待ち 기다리다 / ③ お決まり 결정하다 / ④ お待たせ 기다리다
10	③	홍차와 우유와 레몬, 어떤거로 하시겠습니까? 레몬으로 하겠습니다. ① 紅茶 (こうちゃ) 홍차 / ② コーヒー 커피 / ③ レモン 레몬 / ④ ひとつ 한 개
11	③	음료는 어떤 걸로 하시겠습니까? 맥주 한병 주세요. ① 石焼ビビンバー 돌솥비빔밥 / ② ミルク 우유 / ③ ビール 맥주 / ④ 本 책
12	①	맥주 있나요? 네 있습니다. ① ございます 있습니다. / ② ありがとう 감사합니다. / ③ すみません 죄송합니다. / ④ ください 주세요.
13	①	커피는 지금 가져다 드릴까요? 아니면 식사 후에 드릴까요? 커피는 식사 후에 가져다 주세요. ① 食後 식후 / ② 食中 식중 / ③ 食前 식전 / ④ 食事 식사
14	③	죄송합니다. 오렌지 주스는 없습니다. 그러면, 아이스커피는 있나요? ① オレンジ 오렌지 / ② 朝ごはん 아침밥 / ③ アイスコーヒー 아이스커피 / ④ オレンジジュース 오렌지주스
15	②	나카무라 : 저는 따뜻한 커피. 오쿠무라 : 저도, 스즈키씨는요?
16	①	스즈키 : 저는 오렌지주스로 하겠습니다. 저기요 따뜻한 커피 15. 와 오렌지주스 16. 주세요. ① ひとつ 한 개 / ② 二つ 두개 / ③ 三つ 세 개 / ④ 四つ 4개
17	④	① ビール 맥주 / ② オレンジジュース 오렌지주스 / ③ コーヒー 커피 / ④ キムチチゲ 김치찌개

쉬어가는 문제

01		ア： 주문은 결정 하셨나요? イ：はい、네, A세트 주세요.
02		ア: 디저트는 어떤게 있나요? イ：커피, 콜라, 주스, 아이스크림이 있습니다. イ： 今ください 지금 주세요.
03		
04		ア：메뉴판 좀 주시겠어요? イ： はい、どうぞ 네 여기 있습니다.
05		ア：디저트는 아이스크림으로 주세요. イ： はい、かしこまりました。네 알겠습니다.
06		ア：오렌지 주스 주세요. イ： はい、かしこまりました。네 알겠습니다.
07		ア：식사 후에는 수정과와 식혜가 있습니다만 어떤 걸로하시겠습까? イ： シッケください。식혜주세요.
08	④	ア：디저트는 언제 드릴까요? ① 지금 주세요. / ② 식사와 함께 주세요. / ③ 식사 후에 주세요. / ④ 좋습니다.
09	④	커피와 뜨거운 것과 아이스가 있습니다. ① 뜨거운 것으로 주세요. / ② 아이스로 주세요. / ③ 홍차도 있나요? / ④ 한 개 주세요.
10	②	① 예약 / ② 주문 / ③ 만석 / ④ 취소
11	③	① 식사 / ② 식전 / ③ 식후 / ④ 식간
12	②	① 음식 / ② 음료 / ③ 식사 / ④ 간식
13	①	① 한국식 / ② 전통식 / ③ 서양식 / ④ 중국식
14	①	① 창가석 / ② 통로석 / ③ 개인석 / ④ 합석

Chapter 04 추천메뉴

예1 : 훈제연어는 맛있습니까?

웨이터 : 어서 오십시오.
나카무라 : 고맙습니다.
웨이터 : 이쪽으로 오십시오.

웨이터 : 메뉴입니다.
나카무라 : 고맙습니다.
웨이터 : 주문은 정하셨습니까?
나카무라 : 훈제연어는 맛있습니까?
웨이터 : 네. 맛있습니다. 홋가이도에서 잡은 것입니다.
나카무라 : 아, 그래요? 그럼 부탁합니다.
웨이터 : 네, 잘 알겠습니다.
그밖에 다른 주문이 있습니까?
나카무라 : 음, 스카치 온더록을 주십시오.
웨이터 : 고맙습니다. 잠시 기다려주십시오.

웨이터 : 훈제연어와 스카치 온더록입니다.
나카무라 : 아! 맛있을 것 같군요. 고맙습니다.
웨이터 : 감사합니다.

예2 : 드라이 마티니를 주십시오.

웨이터 : 어서 오십시오. 안내해 드리겠습니다. 이쪽으로 오십시오.

나카무라 : 네, 고맙습니다.

웨이터 : 이쪽에 앉으십시요.
마실 것을 준비해 드릴까요?

나카무라 : 드라이 마티니를 주십시오.

웨이터 : 네, 잘 알겠습니다.

나카무라 : 오늘은 무엇이 맛있습니까?

웨이터 : 비프 스테이크가 맛있다고 생각합니다.

나카무라 : 거기에 무엇이 곁들여 나옵니까?

웨이터 : 버터 시금치볶음과 누들입니다.

나카무라 : 그러면, 미디움으로 익힌 비프 스테이크에 버터라이스로 주문하고 싶은데요.

웨이터 : 네, 잘 알겠습니다.
스프는 어떻게 하시겠습니까?

나카무라 : 콘스프와 소프트롤 주세요.

웨이터 : 고맙습니다. 잠시 기다려 주십시오.

예3 : 드셔 보시겠어요?

소믈리에 : 메뉴입니다. 무엇을 마시겠습니까?

나카무라 : 뭔가 씁쓸한 것을 마시고 싶은데.

소믈리에 : 그러면, 무스까데(Muscadet)쪽이 좋은 것이라 생각됩니다.

나카무라 : 그럼, 그것을 작은 병으로 부탁합니다.

소믈리에 : 알겠습니다. 잠시만 기다려 주십시오.

소믈리에 :　오래 기다리셨습니다. 이것이 주문하신 무스까데 입니다. 지금 바로 마개를 열어도 좋으시겠습니까?

나카무라 :　네, 그렇게 해 주십시오.

소믈리에 :　드셔 보시겠어요?

나카무라 :　음, 좋은 향기군요.

소믈리에 :　마음에 드셨습니까?

나카무라 :　정말로 맛있군요.

정답 및 해설

01	①	연어는 홋가이도에서 잡은 것입니다. ① 北海道(ほっかいどう) / ② 沖縄(おきなわ) / ③ 大阪(おおさか) / ④ 東京(とうきょう)
02	②	무언가 쌉쌀한 것이 마시고 싶습니다. ① 甘口(あまくち) / ② 辛口(からくち) / ③ 中辛(ちゅうから) / ④ 甘辛(あまから)
03	①	그럼 그걸 작은병으로 주세요. ① 小瓶(こびん) / ② 中瓶(なかびん) / ③ 大瓶(おおびん) / ④ 5瓶(ごびん)
04	③	이것이 주문하신 무스까떼입니다. 지금 바로 열어도 괜찮으시겠습니까? ① お願いして / ② お味して / ③ お開けして / ④ お待たせして
05	②	한번 드셔보시겠습니까? ① お開け / ② お試し / ③ お味 / ④ お待たせ
06	①	구운 연어요리는 맛있습니까? 네 정말 맛있습니다. ① おいしいです / ② ありがとうございます / ③ 失礼いたします / ④ お待たせいたします
07	②	주문하신 무스까떼와 마음에 드셨습니까? 정말로 맛있었습니다. ① お持ちいたしました / ② お気に入りました / ③ お待ちいたしました / ④ ご覧になりました

Chapter 05 요리의 제공

예1 : 오래 기다리셨습니다.

웨이터 : 오래 기다리셨습니다. A세트 시키신 분은 어느 분이십니까?

나카무라 : 네, 접니다.

웨이터 : B세트 시키신 분은 어느 분이십니까?

스즈키 : 저예요.

오쿠무라 : 그 삼계탕은 서한테 주세요.

웨이터 : 그럼, 천천히 드십시오.

예2 : 치워드려도 되겠습니까?

웨이터 : 오래 기다리셨습니다. 오렌지 주스는 어느 분이십니까?
샌드위치는 바로 가지고 오겠습니다. 잠시만 기다려 주십시오.

웨이터 : 샌드위치 맛은 어떠셨는지요?

나카무라 : 네, 맛있었습니다.

웨이터 : 더 필요한 건 없으신가요?

나카무라 : 괜찮습니다.

웨이터 : 실례합니다. 치워드려도 되겠습니까?

나카무라 : 부탁드립니다.

예3: 맛있습니다.

오쿠무라 : 이거 맛있습니다.

스즈키 : 네, 너무 맛있습니다.

나카무라 : 김치전골은 어떤가요?

오쿠무라 : 김치 전골이요? 조금 맵지만 정말 맛있습니다.

나카무라 : 그런가요? 스즈키상 된장전골은 어떤가요?

스즈키 : 오, 이 된장 전골도 정말 맛있습니다. 한번 드셔보세요.

나카무라
오쿠무라 : 정말 맛있습니다.

예4 : 주문하신 요리 나왔습니다.

웨이터 : 오래 기다리셨습니다. 주문하신 요리 나왔습니다

나카무라 : 감사합니다.

웨이터 : 뒤에 디저트가 나오니, 천천히 드십시오.

웨이터 : 커피 더 드릴까요?

나카무라 : 부탁드립니다.

예5 : 김치 조금만 더 주세요.

나카무라 : 저기요, 삼계탕 시켰는데 아직 멀었나요?

웨이터 : 네 조금만 기다려 주세요. 금방 됩니다.

웨이터 : 오래 기다리셨습니다. 삼계탕 나왔습니다.

나카무라 : 저기요, 김치 조금만 더 주세요.

웨이터 : 네 알겠습니다. 여기 있습니다.

예6 : 뜨겁습니다. 조심해서 드십시오.

나카무라 : 저기요. 돌솥 비빔밥 두개랑 돼지갈비 1인분, 그리고 맥주 1병 주세요.

웨이터 : 죄송합니다만, 돼지갈비는 2인분부터 주문 가능합니다.

나카무라 : 그럼 2인분 주세요.

웨이터 : 알겠습니다.

웨이터 : 오래 기다리셨습니다. 맥주 먼저 준비해 드리겠습니다.
돌솥 비빔밥은 여기다 놔드리면 될까요?

나카무라 : 네.

웨이터 : 뜨겁습니다. 조심해서 드십시오.

웨이터 : 식사 다 하셨습니까?

나카무라 : 네.

정답 및 해설

01	②	오래 기다리셨습니다. ① 客様(きゃくさま)고객 / ② 大変(たいへん)너무나 / ③ 大阪(おおさか)오사카 / ④ 提供(ていきょう)제공
02	①	샌드위치 맛은 어떠셨습니까? ① 味(あじ)맛 / ② 末(すえ)끝 / ③ 辛(から)맵다 / ④ 甘(あま)달다
03	③	돌솥 비빔밥과 돼지갈비 주세요. ① 牛(うし)소 / ② 鳥(とり)새 / ③ 豚(ぶた)돼지 / ④ 羊(ひつじ)양
04	①	벌써 끝나셨나요? ① 済(すみ)끝 / ② 願(ねが)부탁 / ③ 後(あと)후 / ④ 前(まえ)전
05	①	뜨겁습니다. ① 熱い 뜨겁다 / ② 厚い 두껍다 / ③ 暑い 덥다 / ④ 篤い 위독하다
06	①	조심하십시오. ① 気 / ② 着 / ③ 機 / ④ 木
07	①	요리의 제공 ① 提供 제공 / ② 帝京 도성, 도읍 / ③ 配達 배달 / ④ 案内 안내
08	①	돌솥비빔밥을 ( )개와 돼지갈비 ( )인분, 그리고 맥주를 ( )병 주세요. ① 2つ 두개 / ② 2人前 2인분 / ③ 2人 2인 / ④ 1本 1병
09	②	
10	④	
11	③	김치를 조금 더 주세요. ① いっぱい 한잔 / ② 大きい 크다 / ③ 少し 조금 / ④ ひとつ 한 개
12	①	이 뒤에 디저트가 나옵니다. 천천히 드세요. ① ごゆっくり 천천히 / ② ご覧ください 봐 주세요 / ③ ありがとうございます 감사합니다. / ④ よろしくお願いします 잘 부탁드립니다.
13	②	A세트시키는 고객님은 어느 분이십니까? 네, 저입니다. ① 私 저 / ② どなた様 어느 분 / ③ なん 어떤 / ④ だれ 누구

14	②	삼계탕 시켰는데 아직 멀었나요? 네, 잠시만 기다려주세요. 바로 됩니다. ① 本日ですか 오늘입니까 / ② まだですか 아직입니까 / ③ おいしいですか 맛있습니까 / ④ お願いですか 부탁입니까

쉬어가는 문제

01		ア : 이것이 주문하신 무스까떼입니다. 지금 바로 열어 드릴까요? イ : はい、お願いします。네, 부탁드립니다.
02		ア : 음료는 어떻게 하시겠습니까? イ : ホットコーヒーをお願いします。뜨거운 커피로 부탁드립니다.
03		ア : 샌드위치 맛은 어떠셨습니까? イ : とてもおいしいです。너무 맛있습니다.
04		ア : 실례하겠습니다. 치워도 되겠습니까? イ : お願いします。부탁드립니다.
05		ア : 무스까떼를 작은병으로 주십시오. イ : はい、かしこまりました。네 알겠습니다.
06		ア : B셋트 시키신 분은 어느 분이십니까? イ : 私です。저입니다.
07		ア : 실례합니다. 김치 조금 더 주십시오. イ : はい、かしこまりました。네 알겠습니다.
08	②	커피 조금 더 주십시오. ① いっぱい 한잔 / ② 大きい 크다 / ③ 少し 조금 더 / ④ 二杯 두잔
09	③	샌드위치 맛은 어떠십니까? ① おいしいです。맛있습니다. / ② いいです。좋습니다. / ③ コーヒーもありますか。커피도 있습니까? / ④ まだ、食べてないです。아직 먹지 않았습니다.
10	①	지금 바로 열어드려도 되겠습니까? ① 열다 / ② 보관하다 / ③ 취소하다 / ④ 주문하다
11	①	맛보시겠습니까? ① 맛 / ② 음식 / ③ 시식 / ④ 음료

12	①	작은병으로 부탁드립니다. ① 작은병 / ② 유리병 / ③ 한병 / ④ 한잔
13	①	김치진골은 어떻습니까? ① 전골 / ② 볶음 / ③ 찌개 / ④ 국

Chapter 06 바 서비스

예1 : 드라이 마티니를 주십시오.

웨이터 : 어서 오십시오. 몇 분 이십니까?

나카무라 : 2명 입니다.

웨이터 : 금연석과 흡연석이 있습니다만,

나카무라 : 금연석으로 부탁드립니다.

웨이터 : 자리로 안내 해 드리겠습니다. 이쪽으로 오십시오.

스즈키 : 실례합니다만, 논 알코올 칵테일도 있나요?

웨이터 : 네, 있습니다. 이쪽 메뉴는 전부 논 알코올로, 희망에 맞춰, 술의 양도 조절할 수 있습니다.

스즈키 : 저는 바진브리즈 주세요.

나카무라 : 저는 드라이 마티니 주세요.

웨이터 : 알겠습니다. 잠시만 기다려 주십시오.

예2 : 좋아하는 맛은 어떤 것입니까?

웨이터 : 어서오십시요. 몇분 이십니까?

나카무라 : 두명입니다.

웨이터 : 이쪽 카운터석으로 앉으세요.

나카무라 : 여기서 담배 피워도 되나요?

웨이터 : 죄송합니다. 이 건물은 금연빌딩입니다. 담배는 1층 흡연실에서 부탁드립니다.

나카무라 : 알겠습니다.
음료 추천좀 부탁드리고 싶은데요.

바텐더 : 좋아하시는 맛은 어떤것입니까? 단것, 상큼한맛, 과일 등이 있습니다.

나카무라 : 저는 상큼한 맛으로

스즈키 : 저는 과일로 부탁 드려요.

바텐더 : 나카무라님은 중간정도의 달고 쌉쌀한 맛으로 알코올 도수가 보통인 캄파리 소다나, 진토닉이 좋을 것이라 생각됩니다. 그리고 스즈키님은 조금 달콤하고 알코올이 약한 캄파리 오렌지나 스크류 드라이버는 어떠신지요?

나카무라 : 저는 진토닉으로 부탁드립니다.

스즈키 : 저는 스크류 드라이버한잔 주세요.

바텐더 : 알겠습니다.

예3 : 드라이 마티니는 정말 맛있습니다.

나카무라 : 드라이 마티니 정말 맛있습니다. 한잔 더 주세요.

바텐더 : 감사합니다. 금방 드리겠습니다.

나카무라 : 스즈키씨는 어떠세요?

스즈키 : 저도 같은 걸로 한잔 주세요.

바텐더 : 네, 알겠습니다.

정답 및 해설

01	②	금연석으로 부탁드립니다. ① 喫煙(きつえん)흡연 / ② 禁煙(きんえん)금연 / ③ 近年(きんねん)근년 / ④ 座敷(ざしき)좌석
02	①	이 가게의 추천메뉴 부탁드립니다. ① お勧 추천 / ② お願 부탁 / ③ お水 물 / ④ お待 기다리다
03	①	알코올이 약한 캄파리오렌지는 어떠십니까? ① 弱い(よわい)약하다 / ② 強い(つよい)강하다 / ③ 辛い(からい)맵다 / ④ 甘い(あまい)달다
04	①	스크류 드라이버는 날콤한 편입니다. ① 甘口(あまくち)단맛 / ② 辛口(からくち)씁쓸한맛 / ③ 一口(ひとくち)한입 / ④ 甘辛(あまから)달달하며 매콤함
05	②	진토닉은 중간정도의 단맛에 쌉쌀한편입니다. ① 甘口(あまくち)단맛 / ② 辛口(からくち)씁쓸한맛 / ③ 一口(ひとくち)한입 / ④ 甘辛(あまから)달달하며 매콤함
06	②	담배는 1층의 흡연실에서 부탁드립니다. ① 1回(いっかい)1회 / ② 1階(いっかい)1층 / ③ 1介(いっかい)1개 / ④ 二回(にかい)2회
07	③	ア : 여기서 담배를 필 수 있습니까? イ : ____________이 건물은 금연빌딩 입니다. ① どうも。감사합니다 / ② ありがとうございます。감사합니다. / ③ すみません。죄송합니다 / ④ お待たせいたします。오래기다리셨습니다.
08	②	ア : 실례합니다만, 논 알코올 칵테일도 있습니까? イ : ____________ 이쪽 메뉴는 전부 논 알코올 칵테일 입니다. ① いいえ。아니요 / ② はい。네 / ③ いいです。좋습니다. / ④ どうも。감사합니다.

Chapter 07 컴플레인

예1 : 주문한 요리는 언제 나옵니까?

나카무라 : 저기요.

웨이터 : 네, 무슨일이십니까?

나카무라 : 주문한지 벌써 30분이 지났어요. 주문한 요리는 언제 나옵니까?

웨이터 : 정말 죄송합니다. 주문하신 요리가 김치전골과 된장 전골이 맞나요?

나카무라 : 그렇습니다.

웨이터 : 금방 알아보겠습니다.

웨이터 : 대단히 오래 기다리셨습니다. 김치전골과 된장전골 입니다.

나카무라 : 감사합니다.

예2 : 불편을 끼쳐드려 너무나 죄송합니다.

나카무라 : 저기요. 이 음식 제가 주문한게 아닌 것 같아요. 저는 한우 스테이크를 주문했는데. 이건 연어 스테이크 잖아요.

웨이터 : 대단히 죄송합니다. 금방 한우 스테이크를 가지고 오겠습니다.

웨이터 : 오래 기다리셨습니다. 나카무라님의 한우 스테이크 입니다.
불편을 끼쳐드려 너무나 죄송합니다. 또 불편하신점이 있으시면 언제든지 불러주세요.

예3 : 금방 새로운 것을 준비해 드리겠습니다.

웨이터 : 음식은 어떠신가요? 요리는 입에 맞으세요?

나카무라 : 실은, 이 샐러드는 오래된 것 같아요. 신선하지 않네요.
그리고 이 스프도 간이 약하고 맛없어요.

웨이터 : 너무 죄송합니다. 샐러드와 스프, 새로운 것으로 준비해 드리겠습니다.

웨이터 : 오래 기다리셨습니다. 새로운 것으로 가지고 왔습니다. 그리고 괜찮으시면 식후 디저트는 서비스로 드리고 싶습니다.

나카무라 : 감시합니다.

웨이터 : 이쪽 케익 종류와 아이스크림, 커피중에서 좋아하시는 것으로 골라 서, 필요하실때 불러주세요.

나카무라 : 감사합니다.

정답 및 해설

01	①	주문한 요리는 언제 나오나요? ① 頼 / ② 願 / ③ 他 / ④ 多
02	②	한우 스테이크입니다. ① 和牛(わぎゅう)와규(일본전통소) / ② 韓牛(かんぎゅう)한우 / ③ 半牛(はんぎゅう)반우 / ④ 韓国(かんこく)한국
03	①	이 샐러드는 오래되었다고 생각합니다. ① 古い(ふるい)오래되다 / ② 汚い(きたない)더럽다 / ③ 新しい(あたらしい)새롭다 / ④ 旧い(ふるい)옛것
04	①	불편을 끼쳐드렸습니다. ① 不便(ふべん)불편 / ② 便利(べんり)편리 / ③ 迷惑(めいわく)피해 / ④ 失礼(しつれい)실례
05	②	케익 종류 입니다. ① 塁 / ② 類 / ③ 種 / ④ 数
06	①	이 샐러드는 신선하지 않습니다. ① 新鮮(しんせん)신선 / ② 鮮明(せんめい)선명 / ③ 神仙(しんせん)신선 / ④ 新線(しんせん)새로운 선
07	②	주문하고 30분이 지났습니다. ① 杉 / ② 過 / ③ 超 / ④ 相
08	①	ア : 벌써 주문하고 30분이나 지났습니다. 주문한 요리는 언제나 오나요? イ : ____________ 바로 알아보겠습니다. ① 大変申し訳ございません。너무 죄송합니다. / ② ありがとうございます。감사합니다. / ③ わかりました。알겠습니다. / ④ お待たせいたします。오래 기다리셨습니다.
09	②	ア : 이 샐러드는 신선하지 않습니다. イ : 정말 죄송합니다. ① 少々お待ちください。조금만 기다려 주십시오. / ② すぐかわりをお持ちいたします。금방 새로운 것을 가지고 오겠습니다. / ③ 味はどうですか。맛은 어떠십니까? / ④ どうしましょう。어떻게 할까요?

Chapter 08 계산

예1 : 계산서 부탁합니다.

나카무라 : 저기요, 계산서 부탁합니다.

웨이터 : 네, 각자 계산하시겠습니까? 아니년 한 분이 계산하실긴가요?

나카무라 : 제 쪽으로 부탁드립니다.

웨이터 : 네, 알겠습니다.

현금으로 하시겠습니까 아니면 신용카드로 하시겠습니까?

나카무라 : 신용카드로 하겠습니다.

웨이터 : 네 알겠습니다.

예2 : 사인 부탁합니다.

나카무라 : 저기요, 계산 부탁합니다.

웨이터 : 감사합니다. 계산하실 건가요?

나카무라 : 부탁드립니다.

웨이터 : 네 알겠습니다. 잠시만 기다려 주십시오.

오래 기다리셨습니다. 총 36,000원 입니다. 계산은 어떻게 도와드릴까요?

나카무라 : 이 카드 사용 가능한가요?

웨이터 : 네, 사용 가능 합니다. 이곳에 싸인 부탁합니다.

예3 : 계산은 어디서 하지요?

나카무라 : 잘 먹었습니다. 계산은 어디서 하지요?

웨이터 : 저쪽 카운터에서 부탁드립니다.

나카무라 : 네, 감사합니다.

캐셔 : 계산하시겠습니까?

나카무라 : 네, 신용카드도 괜찮은가요?

캐셔 : 네, 이쪽에 사인 부탁드립니다.

나카무라 : 네, 감사합니다.

예4 : 전표를 가지고 계신가요?

웨이터 : 치워드려도 되겠습니까?

나카무라 : 네. 저기요, 물 티슈 있습니까?

웨이터 : 네, 여기 있습니다.

나카무라 : 계산은 어디서 하나요?

웨이터 : 입구 쪽 카운터에서 부탁드리겠습니다.

나카무라 : 고맙습니다.

나카무라 : 얼마지요?

캐셔 : 전표를 가지고 계신가요?

나카무라 : 여기 있습니다.

캐셔 : 총 1만 8천원 입니다. 영수증 드리겠습니다.
감사합니다. 또 오십시오.

예5 : 거스름돈 1,800원입니다.

나카무라 : 저기요.

웨이터 : 네, 어서오십시오. 주문 받겠습니다.

나카무라 : 커피 한 잔과 치즈 샌드위치 한 개 주세요.

웨이터 : 네, 여기서 드실건가요, 아니면 가지고 가실건가요?

나카무라 : 여기서 먹겠습니다.

웨이터 : 네, 알겠습니다.
커피 한잔과 치즈샌드위치 한 개이지요.
8,200원입니다.

나카무라 : 여기 있습니다.

웨이터 : 만원 받았습니다.
여기 영수증과 거스름돈 1,800원입니다.
확인해 주십시오.

정답 및 해설

01	②	계산부탁드립니다. ① 計算(けいさん)계산 / ② 勘定(かんじょう)계산 / ③ 伝票(でんぴょう)전표 / ④ 合計(ごうけい)합계
02	①	계산은 현금으로 하시겠습니까 아니면 신용카드로 하시겠습니까? ① 現金(げんきん)현금 / ② 勘定(かんじょう)계산 / ③ 計算(けいさん)계산 / ④ 合計(ごうけい)합계
03	①	감사합니다. 계산해 드릴까요? ① 会計(かいけい)계산 / ② 現金(げんきん)현금 / ③ 計算(けいさん)계산 / ④ 合計(ごうけい)합계
04	①	전표 가지고 계신가요? ① 伝票(でんぴょう)전표 / ② 伝達(でんたつ)전달 / ③ 勘定(かんじょう)계산 / ④ 入口(いりぐち)출입문
05	②	치즈버거 한 개와 커피, 합계 8,200원입니다. ① 現金 현금 / ② 8,200ウォン 8,200원 / ③ お持ち帰り 포장 / ④ お召し上がり 드시다
06	②	계산은 어디서 합니까? 입구쪽 카운터에서 할 수 있습니다. ① いくらですか 얼마입니까 / ② どこですか 어디입니까 / ③ 現金ですか 현금입니까 / ④ カードですか 신용카드입니까
07	④	개인별로 계산 해드릴까요? 아니면 한분이 하시겠어요? 제가 계산하겠습니다. ① 私にしますか 제가할까요 / ② 現金にしますか 현금으로 하시겠어요 / ③ カードにしますか 신용카드로 하시겠어요 / ④ おひとりでなさいますか 한분이 하시겠어요.
08	②	현금으로 하시겠어요 아니면 신용카드로 하시겠어요? 현금으로 하겠습니다. ① 私ですか 저입니까 / ② 現金ですか 현금입니까 / ③ 会計ですか 계산입니까 / ④ カードですか 신용카드입니까

09	②	신용카드로 계산해도 되나요? 네, 그러시면 이쪽에 싸인 부탁드립니다. ① 現金 현금 / ② サイン 사인 / ③ 会計 계산 / ④ お味 맛

쉬어가는 문제

01		ア : 이곳에 사인해 주십시오. イ : はい、わかりました。네 알겠습니다.
02		ア : 여기서 드시겠습니까, 아니면 포장해 드릴까요? イ : ここで食べます。여기서 먹겠습니다.
03		ア : 전표는 가지고 계신가요? イ : はい、あります。네 있습니다.
04		ア : 계산은 저쪽 카운터에서 부탁드립니다. イ : はい、わかりました。네, 알겠습니다.
05		ア : 오래 기다리셨습니다 합계는 3만6천원입니다. 現金ですか、かーどですか。현금으로 하시겠어요, 카드로 하시겠어요 イ : 현금으로 하겠습니다.
06		ア : 계산은 현금으로 하시겠습니까 아니면 신용카드로 하시겠습니까? イ : 現金にします。현금으로 하겠습니다.
07		ア : 따로따로 계산 해드릴까요 아니면 한분이서 하시겠어요? イ : 別々でお願いします。따로따로 해주세요.
08	①	희망에 맞춰서 술의 양을 조절하는 것도 가능합니다. ① 희망 / ② 주문 / ③ 식사 / ④ 취소
09	①	확인하셔 주십시오. ① 확인 / ② 계산 / ③ 전표 / ④ 합계
10	①	만원 받았습니다. ① 받다 / ② 건내다 / ③ 계산하다 / ④ 지불하다
11	①	전표를 가지고 계신가요? ① 전표 / ② 영수증 / ③ 식권 / ④ 현금
12	①	계산은 이디서 합니까? ① 계산 하는곳 / ② 영수증 내는곳 / ③ 음식 받는곳 / ④ 음식 먹는곳

13	①	현금인가요, 신용카드 인가요? ① 현금 / ② 카드 / ③ 식권 / ④ 영수증
14	①	합계 3만 6천원 입니다. ① 합계 / ② 영수증 / ③ 현금 / ④ 전표

Appendix 02

- 본문 필요 설명
- 자기 소개
- 일본어 이력서 쓰는 방법

본문 필요 설명

■ 사람 수 세는 법

	にん（人）~명	
	손님이 말할 때	손님을 높여 말하기
1 人	ひとり	ひとりさま(様)
2 人	ふたり	ふたりさま
3 人	さんにん	さんめいさま
4 人	よにん	よんめいさま
5 人	ごにん	ごめいさま
6 人	ろくにん	ろくめいさま
7 人	しちにん	しちめいさま
8 人	はちにん	はちめいさま
9 人	きゅうにん	きゅうめいさま
10 人	じゅうにん	じゅうめいさま
? 人	なんにん	なんめいさま

■ 금액 읽기

100원	200원	300원	400원	500원
ひゃく（ウォン）	にひゃく	さんびゃく	よんひゃく	ごひゃく
600원	700원	800원	900원	1000원
ろっぴゃく	ななひゃく	はっぴゃく	きゅうひゃく	せん
2,000원	3,000원	4,000원	5,000원	6,000원
にせん	さんぜん	よんせん	ごせん	ろくせん
7,000원	8,000원	9,000원	10,000원	20,000원
ななせん	はっせん	きゅうせん	いちまん	にまん
30,000원	40,000원	50,000원	60,000원	70,000원
さんまん	よんまん	ごまん	ろくまん	ななまん
80,000원	90,000원	100,000원	1,000,000원	10,000,000원
はちまん	きゅうまん	じゅうまん	ひゃくまん	いっせんまん

■ 시간 읽기

1시(時)	2시	3시	4시	5시	6시
いちじ	にじ	さんじ	よじ	ごじ	ろくじ
7시	8시	9시	10시	11시	12시
しちじ	はちじ	くじ	じゅうじ	じゅういちじ	じゅうにじ

■ 분 읽기

1분(分)	2분	3분	4분	5분
いっぷん	にふん	さんぷん	よんぷん	ごふん
6분	7분	8분	9분	10분
ろっぷん	ななふん	はっぷん	きゅうふん	じゅっぷん / じっぷん
15분	20분	25분	30분/반(半)	35분
じゅうごふん	にじゅっぷん	にじゅうごふん	さんじゅっぷん / はん	さんじゅうごふん
40분	45분	50분	55분	60분
よんじゅっぷん	よんじゅうごふん	ごじゅっぷん	ごじゅうごふん	ろくじゅっぷん

■ 일본어에서「すみません」이란?

① 미안합니다, 죄송합니다.

'미안합니다, 죄송합니다' 의 뜻으로만 알고 있는 분들이 대부분이시죠? 일본에서 가장 많이 듣는 말 중에 하나가 「すみません」입니다.

- 거리를 지날 때도「すみません」「すみません」
- 부딪쳐도「すみません」
- 부딪치지 않아도「すみません」
- 가게에서도 「すみません」

일본 사람들은 뭐가 그렇게 죄송할까? 라고 생각했던 적이 있었습니다. 초반에 일본 친구에게 물어보았습니다. 너는 왜 항상 「すみません」이라고 하니? 친구는 되게 난감해 하는 표정으로 말했습니다. 평소 쓰는 말인데… 그때는 잘 몰랐지만, 일본에 살면서 어느 순간 나도 모르게 쓰게 되는 말 중 하나가 되었습니다. 나도 모르게 항상 입에 붙게 된말 「すみません」

「すみません」은 미안하다는 말 이외에도 '실례합니다, 고맙습니다' 등의 다른 뜻으로도 많이 쓴다는 것!

② **실례합니다.**

한국에서는 상점에서 점원을 부를 때 저기요, 이모, 언니, 아줌마, 아가씨, 학생! 등 호칭도 다양하네요. 허나 일본에서는 함부로 '아줌마, 아가씨' 라고 불렀다가는 큰일 납니다. 이럴 때 편하게 쓸 수 있는 말이 [すみません]입니다. 실례합니다, 저기요~라고 부르는 표현입니다.

③ **고맙습니다**

또 한 가지 고맙습니다 대신 [すみません]을 쓰기도 합니다. 우리도 겸양의 뜻으로 좋은 선물을 받았을 때 뭐 이런 걸 다 미안하게… 라고 하기도 하지요? 그런 느낌으로 쓰는 것이라고 생각하시면 됩니다. 일본 사람들도 마찬가지 입니다. 고맙지만 미안한 마음도 표현하고 싶을 때 그럴 때는 [すみません] 이라고 합니다.

■ 「～でございます」

'～입니다' 라는 뜻의 「～でございます」는「～です」와 같은 뜻이지만 훨씬 더 정중한 표현입니다. 허나, 나이 많은 어른에게 무조건 「～でございます」등의 정중한 표현의 사용을 권하진 않습니다. 보통 가게에서 점원이나 웨이터나 고객이나 손님을 접대할 때 사용하는 표현으로. 우리는 꼭 사용해야 하는 말입니다. 일본은 한국과 달라서 어른에게는 존댓말을 안 쓰더라도 물건을 사러 온 손님에게는 깍듯이 예의를 지키며 정중한 존댓말을 합니다. 실제로 경어는 정말 어려운 부분입니다. 일본의 레스토랑이나 백화점에 가면 같은 말이라도 엄청나게 경어를 섞어 쓰기 때문에, 일본어를 배웠다고 하더라도 초보자들을 알아듣기도 힘들 정도입니다.

■ 「どうも」의 완벽한 변신

「どうも」는 원래 '아무래도' 라는 뜻입니다.

'아무래도 모르겠어' '아무래도 이상해' 라고 말할 때 쓰는 '아무래도' 라는 뜻입니다. 그런데 「どうも」의 뜻이 어쩌다가 '고맙습니다' 가 되었는지 한번 알아볼까요?

「どうも」의 변신을 알아보려면 먼저 「ありがとうございます」의 뜻부터 살펴보아야 합니다. 「ありがとうございます」의 원래 의미는 '있기 어렵습니다.' 라는 뜻입니다. 무엇이 있기 어렵다는 뜻입니까?

당신이 베풀어준 고마운 은혜, 그 마음이 있기 어렵다는 뜻이죠. 그러니까 즉, 일본사람들은 남에게 고마운 마음을 표현할 때 '있기 어렵습니다' '있기 어렵습니다' 라고 하고 다닌다는 것입니다.

그런데 그 말 앞에 「どうも」를 붙여서 「どうもありがとうございます」라고 하면 '아무래도 있기 어렵습니다' 라는 뜻이 됩니다. 당신이 베풀어 주는 고마운 은혜, 그 마음은 아무래도 있기 어렵습니다. 즉, '대단히 감사합니다' '너무 고맙습니다' 라는 뜻이 되는 것입니다.

「どうも」는 「どうもありがとうございます」에서 긴 말을 짧게 줄여서 말하는 걸 좋아하는 일본사람들이 「ありがとうございます」를 과감하게 확 빼버린 표현으로 가벼운 감사의 인사말 입니다. 윗사람에게 쓰는 말로는 적절하지 않습니다. 즉, 일본사람들은 감사의 인사로 '아무래도' '아무래도' 라고 말하고 다니는 셈입니다.

どうもありがとうございます ー>	대단히 감사합니다. 정말 고맙습니다.
ありがとうございます ー>	감사합니다. 고맙습니다.
どうも ー>	감사합니다. 고맙습니다. (동년배나 아랫사람에게 쓰는 말이지만 완전한 반말은 아님)
ありがとう	고마워. (친구사이나 아랫사람에게 쓰는 반말)

■ 무언가를 권할 때는 언제나「どうぞ」

일본어에서 「どうぞ」는 아주 쓸모가 많은 표현입니다. 상대방에게 무언가를 권할 때는 항상 쓸 수 있는 표현이거든요. 예를 들어서

- 남에게 '이쪽으로 오세요' 라고 할 때에도 「どうぞ」
- '앉으세요' 라고 할 때에도 「どうぞ
- '맛있게 드세요' 라고 말하고 싶을 때에도 「どうぞ」
- 우리 본문에 나온 것처럼 '이쪽으로 오세요' 라고 할 때에는 「こちらへどうぞ」

• '천천히 드세요.' 「どうぞごゆっくり」

등 어느 문장에 써도 어색하지 않습니다.

「どうぞ」를 사용하는 방법이 한 가지 더 있는데요. 바로 「どうぞよろしく」에서 사용하는 「どうぞ」입니다.

「どうぞ」의 원래 뜻은 '부디' 라는 뜻이고 「よろしく」는 '잘' 이라는 뜻입니다. 그렇다면 부디 잘 ? 이게 무슨 뜻일까요? 「どうぞよろしく」도 원래는 줄임말을 좋아하는 일본인이 「どうぞよろしくお願いします」에서 「お願いします」를 과감하게 확 빼버린 표현입니다. 일본사람들을 잘 부탁한다고 말할 때에도 「どうぞよろしくお願いします」중에서 가장 중요한 '부탁 드립니다' 인 「お願いします」를 확 빼버리고 '부디잘' '부디 잘' 이라고 말하고 다닌다니, 언어습관 우리와 참 다르죠?

하지만, 고객에게 말할 때 에는 절대로 「どうぞよろしく」를 사용해선 안 되겠죠? 그렇다면 「どうぞよろしく」와 「どうぞよろしくお願いします」중에서 어떤 말이 더 정중한 표현일까요? 그렇습니다. 줄임말이 아닌 길게 말하는 것이 더 정중한 표현입니다. 누구에게 부탁할 때는 「どうぞよろしくお願いします」라고 말해 볼까요?

■ 「いらっしゃい」

일본의 어느 가게를 들어갈 때 마다 들을 수 있는 소리 「いらっしゃいませ」들어보신 적 있으신가요? 「いらっしゃい」에 「ませ」라는 극존칭형이 붙은 표현입니다. 가게가 아닌 친한 사이에서는 「いらっしゃい」라고 표현하기도 하지만, 우리가 사용해야 하는 말은 「いらっしゃい」가 아닌 고객에게 극존칭인 「いらっしゃいませ」겠지요?

■ 부탁할 때 쓰는 말 「お願いします」

「お願いします」만 알면 무슨 부탁이든 다 할 수 있습니다. 이 표현도 참 편리한 표현 중 하나입니다. 본문에도 정말 많이 나와 있는 표현 입니다.

- 「じゃ`お願いします」부탁드립니다
- 「コーヒーお願いします」커피 부탁합니다.
- 「私にお願いします」저에게 부탁합니다.
- 「こちらにお願いします」이쪽에 부탁합니다.

등등, '부탁합니다' 라는 말은 긍정적인 모든 표현에 사용이 가능합니다.

- 치워드릴까요? / 네 부탁합니다.(치워주세요)
- 계산해 드릴까요? / 네 부탁합니다.(계산해주세요)
- 커피 더 드릴까요? / 네 부탁합니다.(네 더 주세요)
- ~~해 드릴까요? / 네 부탁합니다.(네~~해주세요)

기억해 주세요. 무언가를 말했을 때 「お願いします」라는 대답이 나오면 그렇게 해 달라는 뜻입니다. 참 쉽죠?

자기소개

자기소개는 처음 만나는 사람에 대한 인사입니다. 시원시원하게 만드는 큰 목소리로 기초 프로필과 활동의 개요 정도를 간결하게 말하도록 합시다.

■ 자기 소개 예

「□□大学(だいがく)◇◇部(ぶ)△△学科(がっか)の○○と申(もう)します。学校(がっこう)では "XXXXXを専門(せんもん)としています"学業以外(がくぎょういがい)では○○部(ぶ)に所属(しょぞく)し、□□に取(と)り組み、△△の成績(せいせき)を収(おさ)めました。本日(ほんじつ)はどうぞ宜(よろ)しくお願(ねが)いします。

"□□대학 ◇◇부 △△학과 ○○이라고 합니다. 학교에서는 XXXXX을 전공하고 있습니다. 학업 이외에서는 ○○부 소속으로 □□고 △△의 성적을 거두었습니다. 오늘 잘 부탁드립니다."

이상의 자기소개가 가장 기본적인 자기소개입니다. 허나 주목받을 만한, 쉽게 잊혀지지 않은 자기소개를 하고 싶다면 다음의 자기소개 샘플을 이용하여 정성스레 만들어 보는 건 어떨까요?

CHECK 1 実績・評価をアピール

私の仕事のモットーはともに働く人にとって「○○と働くと楽しい」「○○と一緒に仕事ができてよかった」という存在になること。バーテンダーマネージャとしての経験はまだ1年半ですが、チームメンバーを自ら採用・育成するという多くの権限と裁量を任せてもらっていたため非常に多くの経験を積む事ができました。メンバーのモチベーションアップのために私が心がけていたのは誰よりもメンバーの理解者であること。小さなことですがメンバーは丁寧に呼ぶ。誰よりも早く出社して提案前のメンバーにアドバイスを与える。帰社後は情報共有をする。ということを徹底しました。結果、メンバーからは「○○さんはいつも現場目線のアドバイスをくれる」「○○さんにほめてもらうためにがんばる」という声をもらえるようになり、年間でもっとも売上げの高かったチームに与えられるベストチーム賞を受賞しました。今後はより大きなフィールドで力を試したいと考えています。

CHECK 1 실적·평가를 어필하기

제 일의 모토는 함께 일하는 사람에게 "○○과 일하면 즐겁다." "○○과 함께 일할 수 있어서 다행이다." 라는 존재가 되는 것입니다. 바텐더매니저로서의 경험은 아직 1년 반이지만, 팀원을 스스로 채용·육성하려는 많은 권한과 재량을 맡겨 줘 매우 많은 경험을 쌓게 되었습니다. 멤버의 모티베이션 향상을 위해 내가 노력한 것은 누구보다도 멤버의 이해자가 되는 것입니다. 작은 일이지만 맴버를 공손한 이름으로 부른다. 누구보다 일찍 출근해 제안 전 멤버에게 조언을 준다. 귀사 후는 정보를 공유한다. 라는 것을 철저히 했습니다. 결과, 멤버에게서 "○○님은 언제나 현장의 눈높이에서 조언을 주었다." "○○씨에게 칭찬을 받기 위해 힘내야지" 란 말을 받게 되면서 연간 가장 매출이 높은 팀에게 주는 베스트팀 상을 수상했습니다. 앞으로는 더 큰 필드에서 힘을 시험하고 싶습니다.

CHECK 2 実績・評価をアピール

実行力・決断力をアピール　元店長29歳

私の強みは「やる」と決めたらとことんやる点です。前職の大手ディスカウントストアではこれまで各店一律だったキャンペーン企画に反し、自らキャンペーンを企画。どうしてもお客様が求める値段で商品を提供したかったため、自ら新たな流通ルートを見つけ出し、「商品の質を上げ、コストを下げる」ということを実現しました。上司の反対はもちろんありましたが「結果を見てから言ってください」と構わず決行。結果、全国80店舗ある店舗で　No3の店舗へと成長させることができました。この例をきっかけに今では各店舗の自由なキャンペーン企画や価格設定が可能となり、非常に提供できるサービスの幅が広がりました。今後は現場で培った力を活かし、ホテルサービスビジネスにチャレンジしたいと考えています。

CHECK 2 실적・평가를 어필하기

저의 강점은 "한다" 라고 정하면 철저히 하는 점입니다. 전 직장인 대형 할인점에서는 그 동안 모든 가게들에서 일률적으로 하던 캠페인 기획과 달리, 스스로 캠페인을 기획했다. 아무래도 손님이 원하는 가격으로 상품을 제공하고 싶었기 때문에 직접 새로운 유통 경로를 찾아내어 "상품의 질을 높이고 비용을 낮추었다" 라는 것을 실현했습니다. 물론 상사의 반대도 있었지만 "결과를 보고 말해 주세요" 라고 하며 결행. 결과 전국 80점포가 넘는 점포에서 No3점포로 성장시킬 수 있었습니다. 이 예를 계기로 지금은 각 점포의 자유로운 캠페인 기획 및 가격 설정이 가능하도록 제공할 수 있는 서비스의 폭이 넓어졌습니다. 앞으로는 현장에서 기른 힘을 활용, 호텔서비스 비즈니스 사업에 도전하고 싶습니다.

CHECK 3 やる気・性格をアピール

私は負けん気の強い女です。大学時代に、未経験からチアリーディングを始めた際も、同期の仲間に負けたくない！という想いが人一倍強かったこともあり、練習時間以外にも練習を重ね、1年目の夏にはレギュラーを獲得。3年目には副部長を務めました。社会人になり、営業として従事してきた前職でも、負けず嫌いの精神で、誰よりも多くの本を読み、誰よりも質問し、誰よりも行動することを心がけ、結果、入社2年目の夏～冬には月間MVPを2回獲得しました。今後も持ち前の「負けん気」を武器により高い目標を追いかけたいと思います。

CHECK 3 마음과 성격을 어필하기

나는 지는 걸 싫어하는 여자입니다. 대학 시절에 처음 치어리더를 시작했을 때도 동기의 동료에게 뒤지기는 싫어! 라는 마음이 남달리 강했던 것도 있어 훈련 시간 이외에도 연습을 거듭해 1번째 여름에는 주전을 획득. 3년째에는 부부장을 맡았습니다. 사회인이 되고 영업으로 종사해 온 전직에서도 지기 싫어하는 정신으로 누구보다 많은 책을 읽고 누구보다 질문해 누구보다 행동하는 것과 결과 입사 2년째 여름~겨울에는 월간 MVP를 2회 획득했습니다. 앞으로도 타고난 “경쟁력”을 무기로 삼아 높은 목표를 쫓아가고 싶습니다.

CHECK 4 やる気・性格をアピール

高い壁ほどやる気が出る。私はそんなタイプの人間です。中学時代は地区大会でも目立てない弱小のテニス部に入部。少ない部員、限られた予算、狭い敷地の中でも工夫を重ね、5年目の夏には全国大会に出場できるレベルまで成長。高い壁を越えた先の感動を忘れられず、その後も偏差値が20ほど高い志望校を設定し大学受験に成功しました。そして、社会人になる場所として私が選んだのはベンチャー企業。手を挙げれば任せてもらえる、若手にもチャンスがある会社で入社3年目で事業部長まで昇格しました。しかし、こんな事例もベンチャー企業では珍しくないことかもしれません。だからこそ、私は今度は世の中に大きな影響力を持つ大企業で、自分の力を試してみたい、そんな気持ちでいっぱいです。今までの経験や地位、給与を捨てることは何も怖くありません。いちから這い上がってまた高い壁を乗り越えたいと思います。

CHECK 4 의지와 성격을 어필하기

높은 벽만큼 의지가 나온다. 저는 그런 타입의 인간입니다. 중학 시절에는 지구 대회에서도 눈에 띄지 않는 약소 테니스부에 입부. 적은 부원 한정된 예산, 좁은 부지 속에서도 연구를 거듭해 3번째 여름에는 전국 대회에 출전할 수 있는 수준까지 성장. 높은 벽을 넘은 그때의 감동을 잊지 못해 그 후도 편차 값이 20정도 높은 지망 학교를 설정하는 대학 입시에 성공했어요. 그리고 사회인이 되는 장소로 내가 택한 것은 벤처 기업. 손을 들으면 일할 기회를 받고 누구에게나 기회가 있는 회사에서 입사 3년 만에 사업 부장까지 승격했습니다. 그러나 이런 사례도 벤처 기업에선 드물지 않을 것이라 생각합니다. 그러니까 저는 이번에는 세상에 큰 영향력을 가진 대기업이면서 자신의 능력을 시험해 보고 싶습니다. 지금까지의 경험과 지위, 급여를 버리는 것은 아무것도 무섭지 않습니다. 처음부터 시작하고, 또 높은 벽을 뛰어넘고 싶다고 생각합니다.

CHECK 5 やる気・性格をアピール

私は約束を絶対守る人間です。クライアントへの　約束はもちろん、友人との待ち合わせや「25歳でマネージャーになる」「30歳まで1億ウォンを稼ぐ」など、自分との約束もすべて守ってきました。決して簡単なものではありませんでしたが、やりたいこと、実現したいことを夢や目標にするのではなく『約束』とすることで、できるかできないかではなく、どうやったらその約束を守れるか、ということを常に考え、現実にしてきました。そこで生まれたのが「現状と理想の乖離を確認し、足りない部分を明確にする」「周りに宣言をする」「プロセスを徹底する」「毎日振り返りをする」というサイクル。これを繰り返すことで夢を現実のものにし、今では私の大きな自信となっています。

CHECK 5 의지와 성격을 어필하기

나는 약속을 꼭 지키는 인간입니다. 고객과의 약속은 물론 친구와의 시간 약속과 “25세에서 매니저가 된다.” “30세까지 1억 원을 번다.” 등 자신과의 약속도 다 지켜 왔습니다. 결코 쉬운 것이 없었습니다만, 하고 싶은 것, 실현하고 싶은 것을 꿈과 목표로 하는 것이 아니라 『약속』함으로써 할 수 있는지 없는지가 아니라 어떻게 하면 그 약속을 지킬 수 있을까 라는 것을 항상 생각해 왔습니다. 거기서 생겨난 것이 “현실과 이상의 괴리를 확인하고 모자라는 부분을 명확히 한다.” “주변에 선언을 한다.” “프로세스를 철저히 한다.” “매일 복습을 한다.” 라고 하는 사이클. 이것을 되풀이하는 것에 꿈을 현실화되어 지금은 저의 큰 자신감으로 이어지고 있습니다.

CHECK 6 実績・評価をアピール

私は人一倍好奇心が強く、ビジネスの面においても「新しい仕事にチャレンジしよう」とすることがモチベーションに繋がりやすくなります。同僚が敬遠するような新しい仕事に対しても、自ら進んで取り組み、業務内外で様々な経験を積む機会が多くありました。その結果などが評価され、同僚よりも早い段階で昇格し、マネジメントに関する経験も積ませて頂きました。この様に、今ある仕事だけに満足せず、より上のステージから業務の流れ全体を俯瞰する仕事へ...という向上心が人一倍強い点も、私の大きな強みではないかと思います。貴社に入社してからは、まず与えられた仕事を的確にこなせる人材へと成長しつつ、いち早く上のポジションで活躍できるだけの幅広い経験を進んで積んでいくことができればと考えております。

CHECK 6 실적 · 평가를 어필하기

나는 남달리 호기심이 강하고, 비즈니스 에서도 "새로운 일에 도전" 하는 것이 곧 동기가 됩니다. 동료가 멀리 하는 새로운 일에 대해서도 스스로 나서서 업무 안팎으로 다양한 경험을 쌓을 기회가 많았습니다. 그 결과가 좋게 평가되어 동료보다도 빠른 단계로 승격하고 관리에 관한 경험도 쌓게 해 주었습니다. 허나 지금 있는 일에만 만족하지 않고 더 위의 무대에서 업무의 흐름 전체를 파악하는 일로… 라는 향상심이 남다른 점이 나의 큰 강점이 아닐까 생각합니다. 귀사에 입사 한 후에는 우선 주어진 일을 정확하게 다룰 수 있는 인재로 성장하면서 재빨리 위의 포지션에서 활약할 만한 폭넓은 경험을 스스로 쌓아 나갈 수 있었으면 이라고 생각하고 있습니다.

CHECK 7 実績・評価をアピール

4年間の接客業経験を通じて磨いた「企画力」には自信があります。2年目から店長へとキャリアアップし、部下のマネジメントや店舗レイアウトなどには特に気を配りました。中でも「リピート客の総売上を2割アップさせる」という目標のもと、DMに一筆ずつ直筆のメッセージを書き加えたり、積極的にお電話をかけて新作商品をご紹介したりと、店舗全体であまり取り組んでいなかった業務の割合を増やしました。その結果、リピート客の単価が約1.4倍に上昇し、店舗としても売上の売り上げ記録を更新するなど、本社から直々に表彰を受けました。ただ単に日々の業務を淡々とこなすのではなく、「どうすれば売上が上がって、仕事も面白くなるか?」といった視点は、違う形であっても貴社で活かせると思います。宜しくお願い致します。

CHECK 7 실적・평가를 어필하기

4년간의 접객업 경험을 통해 닦아낸 "기획력"에는 자신이 있습니다. 2년째부터 점장으로 캐리어 업하고 부하의 관리나 점포 레이아웃 등에는 특히 신경을 썼습니다. 그 중에서도 "단골 고객의 총 매출을 2할 증가시키기" 라는 목표 아래 DM에 몇 자씩 친필의 메시지를 추가 기재하거나 적극적으로 전화를 걸고 새 상품을 소개하거나, 점포 전체에서 별로 하지 않은 업무의 비율을 늘렸습니다. 그 결과, 단골고객의 구입 단가가 약 1.4배 상승했고, 점포에서의 매출이 매출 기록을 경신하는 등 본사에서 직접 표창을 받았습니다. 그저 나날의 업무를 담담하게 다루는 것이 아니라 "어떻게 하면 매출이 올라 일도 재미있어?" 라고 하는 시점은 각기 다른 형태이지만 귀사에서도 활용 가능하다고 생각합니다. 잘 부탁드립니다.

CHECK 8 スキル・経験をアピール

旅行業界にて5年間、旅行の企画から集客、説明会運営、添乗に至る一連の業務に携わってきました。中でも最も在籍が長かったのが添乗業務です。10代の学生から定年を過ぎた60代・70代の方まで幅広い層のお客様と接するなかでコミュニケーション能力が養われました。「クレーム処理に関しては○○に聞け」というほど顧客対応には定評をいただいており、これまでに数々のクレームを抑え、感動へと変えてきました。私が心がけてきたのはいつ・どんなときでも常にお客様の声を聞くこと、そして迅速な対応、この二点に限ります。結果、クレームをいただいたお客様からお礼状をいただくことが多くなり、カスタマーサポート室の室長を任されました。転職の経験を通じてより対人スキルを磨き、人の一生に大きな影響を与える仕事に就きたいと考えております。

CHECK 8 기술 · 경험을 어필하기

"여행 업계에서 5년간 여행 기획에서 유치한 설명회 운영, 수행 안내에 이르는 일련의 업무에 종사하고 왔습니다. 그 중에서도 가장 오래 했던 것이 여행 안내사 업무입니다. 10대 학생부터 정년을 지난 60, 70대까지 폭넓은 층의 고객과 접하면서 의사소통 능력도 길러졌습니다." 클레임 처리에 관해서는 "ㅇㅇ서 들어라" 라고 할 정도로 고객 대응에는 정평을 받고 그 동안 수많은 클레임을 억제하고 감동으로 바꿔 왔습니다. 제가 생각해 온 것은 언제 어느 때라도 항상 고객의 소리를 듣기, 그리고 신속한 대응, 이 두 가지에 한합니다. 결과, 클레임을 주신 손님으로부터 영장을 주는 것이 많아져 고객 서포트실의 실장을 맡았습니다. 전 직장의 경험을 통해 보다 대인 스킬을 닦고, 사람의 일생에 큰 영향을 주는 일을 하고 싶습니다.

履歴書

① 平成 23 年 4 月 1 日

②

ふりがな	かんきょう　　ぐれいす		
氏 名	環境　グレイス		
生年月日 ③	※ 明治 ・ 大正 ・(昭和)・ 平成 57年　8月　10日生まれ　（満 28 歳）		※ (男)・ 女
携帯電話	000 (1234) 5678	E-MAIL	kankyo-job.net@grace.com

ふりがな	とうきょうとちよだくこうじまち	電話 (03) 0000 － 4321
現住所 ④	〒102-0083 東京都千代田区麹町7丁目1番地〇〇マンション101	FAX (03) 0000 － 1111
ふりがな		電話 (　)　－
連絡先	〒　（現住所以外に連絡を希望する場合のみ記入）	FAX (　)　－

年	月	学歴・職歴(各項目ごとにまとめて書く)
		⑤ 学 歴
平成10	3	東京都千代田区立〇〇中学校 卒業
平成10	4	東京都立□□□高等学校 入学
平成13	3	東京都立□□□高等学校 卒業
平成13	4	△△△大学 生命・環境学部 環境科学科 入学
平成17	3	△△△大学 生命・環境学部 環境科学科 卒業
		⑥ 職 歴
平成17	4	＊＊＊株式会社 入社
		CSR推進室勤務
		2013年度 環境貢献プロジェクト 〇〇〇〇〇〇の企画・運営に従事
平成20	12	一身上の都合により退職
平成21	1	株式会社@@@ 入社
		コンサルティング事業部勤務
		賞罰なし
		以上

記入上の注意　1:鉛筆以外の黒または青の筆記具で記入 2:数字はアラビア数字で、文字はくずさず正確に書く。
3:※印のところは、該当するものを○で囲む。

① 이력서 기입 날짜. 반드시 잊지 말고 써야 할 부분이다.

또한 절대 틀려서는 안 될 부분이다. 오늘이 2015년 2월 7일인데 이력서 기입날짜가 2014년이거나 2016년 이라면, 과연 여러분이 면접관 이라면 이런 이력서를 들고 온 사람을 신뢰할 수 있을까?

② 사진은 청결한 듯한 이미지의 깨끗한 미소가 돋보이는 사진을 사용하자.

예쁜 얼굴보다 예쁘게 미소 짓는 얼굴에 더 끌린다는 연구 결과에 주목!

③ 생년월일도 빠짐없이, 틀리지 않도록.

본인의 생년월일이나 나이를 틀리는 일이 없도록!

④ 주소 및 연락처 적기

일본이나 해외에 거주하는 경우에도 주소에는 항상 영어나 히라가나로 면접관이 읽기 편하게 후리가나를 달아준다. 전화가 없는 경우에는 휴대폰 번호만 써도 무관! 전화 적는 란에는 휴대폰 번호를 한번더 적어주고, 팩스는 없는 경우에는 비워둬도 좋다.

⑤ ⑥ 학력 및 경력 적기

- 학력별 경력별로 묶어서 적는다.
- 학력과 경력 사이에는 꼭 한 칸을 띄운다.
- 학력은 주로 중학교 졸업부터 쓰거나 칸이 부족할 경우에는 고등학교 졸업부터 써도 무관하다.
- 경력은 불필요한(1년 미만의 파트타임 업무내용) 내용을 가득 채우기 보다는, 지금 하는 일과 연관하여 꼭 필요한 내용만 적는 것이 좋으나, 학력과 경력 사이에, 경력과 경력 사이에 긴 시간의 공백이 있는 것은 좋지 않다.

⑦ 다 적은 후에는 잊지 말고! 꼭 써주도록 한다.

일본은 아직까지도 컴퓨터로 쓴 이력서 대신 손으로 쓴 글씨는 선호하는 편이다. 글을 예쁘게 쓰는 지 못쓰는지를 떠나서 이력서 한 장을 쓰는데 얼마나 정성스럽게 썼는지를 보기 때문이다. 컴퓨터로 뽑은 이력서 대신, 한자 한자 정성스럽게 쓴 나의 이력서를 만들어 보자.

[저자소개]

손혜경

중앙대학교 일반대학원 일어일문학 박사
현) 전남과학대학교 호텔커피칵테일과 교수
현) 일본언어교류연구소 한국책임연구원
2006 일본 동경 Hippo Forum 한국대표 특별상

박 한

세종대학교 일반대학원 호텔관광경영학 박사
전) 천안연암대학교 외식산업과 교수
전) 호텔리츠칼튼서울 바&다이닝팀
2010 호텔리츠칼튼컴퍼니 베스트호텔리어 아시아퍼시픽 Top10

최효진

일본 동경대학교 대학원 환경시스템학 석사
현) 코스트코 코리아 본사 바이어
전) HIC 코리아 일본지사 영업부
2010 일본 동경 요한일본어스쿨 외국인 스피치대회 대상

외식실무일본어

초판 인쇄 2016년 1월 25일
초판 발행 2016년 1월 30일

저 자 손혜경, 박 한, 최효진 공저
발행인 임 영 철
발행처 도서출판 신화전산기획
주소 / 서울특별시 성동구 마조로 55
전화 / (02) 833-5145~6
팩스 / (02) 848-2498
등록 / 301-2010-034
홈페이지 / www.shj.co.kr

값 16,000원 ISBN 978-89-5534-194-2 93730